Renate Nuppenau
Mit Kindern unterwegs
In Brandenburg

Fleischhauer & Spohn Verlag

Die ab 2002 geltenden Euro-Preise von Sehenswürdigkeiten, Museen und sonstigen Einrichtungen lagen bei Drucklegung noch nicht vor.

Titelbild: Auf Besichtigungstour in Potsdam

Bildnachweis: Alle Aufnahmen stammen von der Verfasserin. Alle Karten stammen von Thomas Nagel.

Kartenskizze auf Umschlagrückseite: Walter Gebhard, 74821 Mosbach, e-mail: gestaltungsateliergebhard@t-online.de

Umschlaggestaltung und Layout: Rainer Wittner, 67435 Neustadt

© 2001 by Fleischhauer & Spohn Verlag, 74321 Bietigheim-Bissingen

Gesamtherstellung:
Druckerei Laub GmbH & Co., Postfach 6, 74832 Elztal-Dallau

ISBN 3-87230-571-9

Inhalt

Vorwort 5

1 Wo Eierkuchen und Störche fliegen 6
   Rund um Rühstädt im Biosphärenreservat

2 Wandern, auch wenn die Inliner mit sollen 11
   Von Rheinsberg zum Menzer Naturlehrpfad

3 „Pack die Schnorchelsachen ein, nimm dein kleines Schwesterlein...!" 16
   Der glasklare Stechlinsee lädt zum Baden und Bootsfahren ein

4 Mit Pedalkraft über die Schienen 21
   Mit der Draisine Fürstenberg/Havel nach Templin

5 Wunschzettel und Weihnachtspost 26
   Auf ungewöhnlichen Wegen von Lychen nach Himmelpfort

6 Ton, Stein, Haus 30
   Durch die Tonstichlandschaft zum Museumspark Mildenberg

7 Von Ferkeltaxis und anderen Fahrzeugen 34
   Im Gramzower Eisenbahnmuseum fährt die Draisine

8 Wie legt man einen Naturteich an? 37
   In der Ökostation Prenzlau auf Entdeckung

9 Auf ökologischen Wegen bewusst durchs Leben 41
   Vom Kloster Chorin zum Ökodorf Brodowin

10 Aug' in Aug' mit wilden Tieren 45
   Der Zoo in Eberswalde ist ein Paradies für Mensch und Tier

11 Mit dem Schiff im Fahrstuhl 50
   36 Höhenmeter werden im Schiffshebewerk Niederfinow überwunden

12 „Flieger, grüß mir die Sonne,..." 54
   Der Fehrbelliner Flugplatz

13 Wenn die Hussiten toben 58
   Stadttour durch das mittelalterliche Bernau

14 Ein Spaziergang vom Birnbaum zum Kinderbauernhof ... 64
   Fontane machte die Familie und das Dorf Ribbeck weltweit bekannt

15 Spiel und Spaß im Museum 70
   Im Frey-Haus in die Spielzeugausstellung

16 Wie sehen Chinesen wirklich aus – oder was der Künstler nicht wissen konnte 74
   Zu berühmten Schlössern, Gärten und Museen in Potsdam

17 „Sandmann, lieber Sandmann..." 79
   In der Filmstadt Potsdam-Babelsberg sehen, hören, staunen

Inhalt

18	Mit dem Kinderwagen als Surfbrett um den See .... *Auf dem Uferwanderweg am Straussee*	84
19	Auf den Spuren der Poeten .... *Von der Wurzelfichte über den Poetensteig zum Strandbad Buckow*	90
20	Burggeschichten und Minnesang .... *Nicolai de Treskow lässt die Herzen in Ziesar höher schlagen*	97
21	Von Kobolden, Drachen, Bauern und Fischern .... *Ein Rundgang durchs Dorf Blankensee über den Bohlensteig zum Schloss*	101
22	Von Dracula zum weißen Hai .... *Grusel-Kult auf dem Schloss Schenkendorf*	107
23	Wer kennt den Steinernen Tisch? .... *Von Bad Saarow zum Markgrafenstein in den Rauener Bergen*	112
24	Leseratten und Bücherwürmer .... *Die Bücherstadt in Wünsdorf-Waldstadt lädt zum Schmökern ein*	116
25	Mit Mais und Kamera auf Jägers Spuren .... *Im Wildpark Johannismühle leben die ehemaligen „DDR-Staatszirkusbären"*	119
26	Der Erfinder der Thermoskanne .... *Lernort Glashütte – ein Ausflugsziel für Wissbegierige und Gartenzwerge*	123
27	Gas geben und Spaß haben .... *Mit dem Mo-Kart auf dem Spreewaldring*	127
28	Feuchtfröhlich im Biosphärenreservat Spreewald .... *In Schlepzig zur Ausstellung „Unter Wasser unterwegs"*	131
29	Wasserspaß und Saunabad .... *Im Spreewald an den Strand von Lübbenau*	136
30	Sterntaler ein kleines Stückchen näher .... *In Herzberg zum Wasserturm mit Sternwarte*	140
31	Der Beginn einer Seenplatte .... *Am Senftenberger Stausee liegt alles dicht beieinander*	145
32	Wie kommt der Strom in die Steckdose? .... *Von Spremberg zum Kraftwerk Schwarze Pumpe*	151
33	Gedenkstätten trauriger Geschichten .... *Sachsenhausen, Brandenburg/Havel, Ravensbrück, das Museum des Todesmarsches und die stillen Orte der Erinnerung*	158

Schlagwortregister mit Kapitelangaben 162

Vorwort

Fontane, Goethe und Brecht fanden in Brandenburg Erholung und Anregung für ihr Schaffen. Auf ihren Spuren führten mich meine zahlreichen Wanderungen in die Vergangenheit und Gegenwart des Landes. Entsprechend dem Wissensdurst und Bewegungsdrang der Kinder in den unterschiedlichen Altersgruppen habe ich die schönsten Touren ausgewählt.

Für den Hunger unterwegs: Die Brandenburger Fischküche ist sagenhaft! Und wenn die Kinder tatkräftig helfen dürfen, den Proviant für zwischendurch zusammenzustellen, dann locken die Pommes am Straßenrand nicht so sehr, wie der selbst gebackene Kuchen. Ein Mix aus kaltem Pfefferminztee und Apfelsaft schmeckt köstlich und ist erfrischend preiswert. Und so exklusiv, dass es an keiner Frittenbude zu haben ist. Fahrkosten lassen sich senken, wenn man gemeinsam mit anderen Familien, Freunden, Nachbarskindern auf die Reise geht. Entweder wird das Benzingeld geteilt, oder der Gruppentarif bei öffentlichen Verkehrsmitteln wird genutzt. Wer sich am Ausflugsziel als Gruppe anmeldet, bekommt oftmals Rabatt oder eine Sonderführung – extra auf das junge Publikum abgestimmt. Verabreden Sie sich mit Freunden und Bekannten, machen Sie zusammen mit den Kindern einen Aushang z. B. im Kindergarten, in der Schule, beim Kinderarzt, im Pfarrzentrum oder im Supermarkt.

Brandenburg, mit seiner von der Eiszeit geprägten Landschaft bietet viele Ausflugsattraktionen für Kinder und Erwachsene. Endmoränen und Urstromtäler bildeten sich im Zuge der Jahrtausende zu Brandenburgs imposanten Landschaftsgebieten heraus. Hügel und Seen, die wir heute als Aussichtspunkte und Erholungsgebiete für unsere Wanderungen nutzen. Ausgedehnte Wälder und die zahlreichen Flussläufe, Kanäle und ausgewiesene Naturschutzgebiete lassen uns in Brandenburg neue Kraft für Kindergarten, Schule und Beruf tanken. Darüber hinaus spiegelt das Land in seinen Sehenswürdigkeiten, Schlachtfeldern und Industrieanlagen die geschichtlichen Einflüsse vom Preußentum bis zur Gegenwart wider. Mit diesem Buch „Mit Kindern unterwegs: In Brandenburg" haben Sie die ideale Planungsgrundlage für viele gelungene Ausflüge.

Mit lieben Grüßen von der Spree, herzlichst

Ihre
Renate Nuppenau
Postfach 62 05 67, 10795 Berlin

1 Wo Eierkuchen und Störche fliegen

Rund um Rühstädt im Biosphärenreservat

Bis 1988 war es ein Nationalpark mit den Namen „Naturpark Elbaue". Heute ist es das „Biosphärenreservat Flusslandschaft Elbe-Brandenburg", 53 300 Hektar groß. Das 560 Quadratkilometer große Gebiet gehörte ehemals zur Grenze und trennte Brandenburg und Niedersachsen. Seltene Pflanzen und Tiere konnten sich in der jahrzehntelangen Isolation in ihrem Lebensraum weiter entwickeln und blieben geschont. Biber, Fischotter, Kraniche und viele mehr sind im Prignitzer Land zu beobachten. Bei so viel Artenreichtum lässt Meister Adebar nicht auf sich warten und kommt jedes Jahr her, um in dem ihm bekannten Horst seine Jungen in diesem geschützten Ökokomplexsystem aufzuziehen. Zweck der international geschützten Biosphärenreservate ist die systematische Erfassung aller biogeographischen Räume der Erde, in die alle repräsentativen Regionen einbezogen werden sollen. Einerseits in ihrem natürlichen Zustand, und zum anderen mit den vom Menschen ausgelösten Veränderungen unterschiedlichen Ausmaßes.

Wir fahren mit der Regionalbahn bis Wittenberge. Aus dem Bahnhof kommend folgen wir der „Bahnstraße" und laufen links in die „Rathausstraße". Diese geht später in die „Tivolistraße" über. Dann biegen wir links ein in die „Bad-Wilsnacker-Straße" und gehen hinter der Bahnführung in Richtung Hinzdorf. Dann folgen wir dem grün ausgeschilderten Radweg am Elbdeich entlang Richtung Rühstädt.

Der Ort zählt mit seinen 30 bis 40 Horstpaaren zu den storchenreichsten Dörfern der Bundesrepublik. Ausgezeichnet wurde das Dorf 1996 von der Stiftung EURONATUR, die damit die Verdienste für Storchenreichtum und Erhaltung des Lebensraums würdigt. Sogar die äußerst störungsempfindlichen Schwarzstörche kommen in das **Biosphärenreservat**, um zu brüten. Die scheuen Tiere bauen im Wald auf Bäumen mit abgeknickten Ästen oder Kronen ihre Nester.

Für den Weißstorch, der sogar die Nähe des Menschen sucht, baut der hiesige Storchenclub Nisthilfen, die von den ehrenamtlichen Helfern auch gewartet und gereinigt werden. Früher nisteten die Weißstörche bevorzugt auf abgestorbenen, einzeln stehenden Bäumen.

Es ist empfehlenswert, sich von den Mitarbeitern des NABU-Weißstorchzentrums durch das **Europäische Storchendorf** führen zu lassen. Der Ort mit den vielen Nistplätzen ist einfach spannend. Die Dorfkirche zählt übrigens zu den ältesten Brandenburgs, das

Barockschloss hat nachweislich drei Vorgängerbauten mit drei Vorgärten. Im Schlossgarten steht der imposante Mammutbaum und was es mit der alten Dorfeiche auf sich hat, erzählen die Mitarbeiter des NABU-Weißstorchzentrums auf der Wanderung durch den Ort.

Ein weiteres markantes Gebäude im Ort ist das große rote Backsteinhaus mit Fachwerk und den beiden Türmen, auf denen jedes Jahr in den Storchennestern fleißig gebrütet wird. Es ist das Rühstädter Besucherzentrum, die zentrale Anlaufstelle im Biosphärenreservat. Drei Mieter bieten hier mit Ausstellungen, Vorträgen und anderen Informationsangeboten den Storchendorfbesuchern ein großes Angebot an Erkundungsmöglichkeiten. Bei der Naturwacht bekommen wir ein Gastgeberverzeichnis, wertvolle Hinweise für den Aufenthalt in der Region, köstlichen Honig und Kosmetikprodukte aus Wittenberge. Im **Informationszentrum** Biosphärenreservat Flusslandschaft Elbe-Brandenburg stehen wechselnde Ausstellungen zu unterschiedlichen naturkundlichen Themen auf dem Programm und wir können auf eine umfassende Datenbank zurückgreifen, die alle aktuellen Veranstaltungen der Gegend listet. Außerdem können die Kinder in der Ausstellung in den Vitrinen ausgestopfte Tiere aus nächster Nähe anschauen und den Mitarbeitern vorne am Tresen jede Menge Fragen stellen, die geduldig beantwortet werden. Im **NABU-Besucherzentrum** beschäftigt man sich vorrangig mit dem NABU-Wappentier, dem Storch. Die Weißstörche gehören zu den bedrohten Tierarten. Hier hat man sich etwas besonderes für die Besucher erdacht. Schließlich brüten Jahr für Jahr die Störche oben auf dem Dach und so wurde eins, zwei, drei, fix eine schwenkbare Kamera installiert. Nun können die Besucher beobachten, was sich in den Nestern abspielt. Kinder sind fasziniert von der Jungtieraufzucht. Wenn die Jungtiere erst einmal geschlüpft sind, wird es spannend. Die ersten drei bis vier Wochen ist immer noch ein Altvogel bei ihnen am Nest. Aber dann wird der Hunger so groß, dass beide Elterntiere auf Nahrungssuche gehen müssen. Dann tritt der Beringer in Aktion. Nach vier bis fünf Wochen werden die Jungtiere von dem extra ausgebildeten Spezialisten beringt. Wenn die Beringungsdaten ausgewertet werden, dann geben diese den Ornithologen Aufschluss über die Gefährdung bestimmter Vogelarten und über deren Lebensraumverluste. Eingebettet in ein Forschungsprogramm in der Vogelwarte Hiddensee werden auch hier wichtige Daten gewonnen.

Zeit für eigene Beobachtungen. Wir lassen das Besucherzentrum im Rücken und laufen auf dem Bürgersteig an der Hauptstraße

Richtung Ortsausgang. Nach etwa 500 Metern biegen wir links ab in Richtung Gnevsdorf und wechseln nach etwa 300 Metern rechts auf den Deich. Hier weht im Herbst eine steife Brise und je nach Jahreszeit können wir hier Wildgänse, Wildenten, Kraniche, Fischreiher und natürlich im Sommer die Störche beobachten. Mit etwas Glück entdecken die Kinder sogar einen der seltenen Schwarzstörche. Bald gelangen wir zur **Wehranlage** in **Gnevsdorf**. Hier kommen Elbe und Havel zusammen. Wer morgens sehr zeitig auf den Beinen ist, kann an der Schleuse den Fischer treffen, der hier Tag für Tag seine Netze auswirft. Morgens früh um 5 Uhr besuchen die Störche ihren Freund, um die erste Mahlzeit bei ihm zu ergattern. Auch einer der schönen Schwarzstörche zählt zu seinen Frühstücksgästen. Wir laufen weiter auf dem Außendeich und nach zwei Kilometern Fußweg entdecken die Kinder in Abbendorf die Gaststätte „Dörpkrog an Diek". Zeit für eine Toberunde auf dem hauseigenen Spielplatz. Nach der Wanderung laden Rutsche, Wippe und Schaukel zum Spielen ein. Wenn man vor dem Eingang der Gaststätte steht, dann sieht man 80 Meter weiter die Havel und 100 Meter weiter die Elbe auf ihrem Weg Richtung Nordsee. Nachdem wir in Gnevsdorf das Wehr gesehen haben, erleben wir hier die beiden Flüsse friedlich nebeneinander.

In der Gaststube bemerken wir schnell, warum dieses Lokal ein beliebtes Ausflugsziel für Familien ist. Kaum haben die Kinder die Tür geöffnet, sehen sie schon die riesengroßen Plüschtiere in der Spiel- und Malecke. Da gibt es Spielmöglichkeiten und vor allem den netten Koch, der den jungen Gästen beibringt, Eierkuchen aus der Pfanne in der Luft zu wenden. Außerdem zaubert Küchenchef Jürgen Srajer z. B. aus Knieper-Kohl typisch Brandenburger Köstlichkeiten.

Wie kommt man nach Rühstädt?
Bahn: RE stündlich bis Bad Wilsnack, dann 10 km zu Fuß bis Abbendorf; 3 km über den Deich nach Rühstädt

PKW: Abfahrt Neuruppin, Richtung Kyritz auf der B 5, Richtung Perleberg bei Kleetzke, links Richtung Bad Wilsnack, ab dort Storchendorf Rühstädt ausgeschildert (braune Hinweisschilder)

Wegstrecke: ca. 3 km

Auskünfte: Fremdenverkehrs- und Kulturverein Prignitz e. V. Wittenberger Straße 90

1

Chefkoch Jürgen Srajer zaubert auch aus Kohl Köstlichkeiten, die Kindern munden

19348 Perleberg
Telefon 0 38 76/61 69 73
Telefax 0 38 76/61 69 74

Naturwachtstation
Biosphärenreservat Flusslandschaft Elbe-Brandenburg

Auskünfte: Naturwachtstation Rühstädt
Neuhausstraße 9
19322 Rühstädt
Telefon 03 87 91/9 80-22
Telefax 03 87 91/9 80-11

Öffnungszeiten: Mai bis Oktober

Eintritt: frei

Naturwachtstation
NABU-Besucherzentrum

Auskünfte: Neuhausstraße 9
19322 Rühstädt
Telefon 03 87 91/67 18
Telefax 03 87 91/67 19

Öffnungszeiten: 1. April bis 30. September
täglich   10.00 – 18.00 Uhr

Eintritt: Erwachsene   DM 2,00
Kinder   DM 1,00
Familien   DM 5,00

Einkehr: Gaststätte „Dörpkrog an Diek"
Am Deich 7
19322 Abbendorf bei Bad Wilsnack
Telefon und Telefax 03 87 91/72 33

Tipp:
Jedes Jahr am letzten Wochenende im Juli feiern die Rühstädter das Storchenfest in ihrem Elbdorf – ein Fest für Naturfreunde. Das offizielle Rahmenprogramm behandelt regionalspezifische Themen, der Markt bietet lokale Köstlichkeiten und regionale Spezialitäten. Zudem gibt es einen kleinen Rummel.

Kartenempfehlung:
1 : 180 000 Landkreis Prignitz, Faltplan,
    Verwaltungsverlag München

Wandern, auch wenn die Inliner mit sollen 2

Von Rheinsberg zum Menzer Naturlehrpfad

Ein ganz besonderes Flair hat ohne Zweifel die Stadt **Rheinsberg**. Theodor Fontane sagt, sie sei „für Verliebte". Und irgendwie könnte man meinen, die Bewohner würden wahrhaftig jeden und alles lieben und vor allem Kinder. In der Tourist-Information gibt man geduldig Auskunft. Keine Pauschaltipps, sondern viel mehr individuelle Tipps für die Urlauber, die hier erholsame Stunden oder Tage verbringen wollen. Dabei treffen sie immer wieder auf die Wurzeln der Stadt und Fontanes Beschreibungen, den es immer wieder herzog. Vielleicht ist das dunkelblaue Porzellan mit den weißen Tupfen, das traditionsgemäß in den Rheinsberger Manufakturen gefertigt wird, bekannt? Kinder und Erwachsene dürfen nach Voranmeldung in den beiden großen Töpfereien selbst Hand anlegen und mit Ton arbeiten.

Um 1214 ließen die Grafen von Ruppin unweit ihrer eigentlichen Residenz eine Burg bauen. 1368 wurde die ummauerte Burg dann erstmalig als Stadt erwähnt. 1618 erwarb der Domherr zu Magdeburg, Cuno von Lochow, die Herrschaft über den Ort. Später übernahm der Große Kurfürst das Sagen und 1685 verschenkte er Rheinsberg an einen General, der die Burg unverzüglich verkaufte... Um der Geschichte weiter auf die Spuren zu kommen, sollten wir uns vom Bahnhof aus auf den Weg machen. Autofahrer können hier bequem ihr Fahrzeug auf einem der P+R-Plätze abstellen.

Wir lassen den Bahnhof hinter uns und gehen links die „Berliner Straße" bis zur „Schloßstraße", die auf das *Rheinsberger Schloss* mit *Museum* führt. Wir laufen vor bis fast zum Schloss und biegen nach der Kirche und vor dem Denkmal rechts in die „Königsstraße", ehemals „Karl-Marx-Straße".

Ein paar Meter weiter am Ende der „Seestraße" kommen wir zur **Dampferanlegestelle**. Von hier aus starten herrliche Rundfahrten auf der Rheinsberger Seenplatte. Ob eine solche Seefahrt lustig ist oder nicht, können wir bei nächster Gelegenheit herausfinden. Winken wir also dem ablegenden Schiff zu und wenden uns ab, um den Weg bis zur „Berliner Straße" zurückzulaufen. Nun laufen wir nicht rechts zum Bahnhof, sondern geradeaus die „Menzer Straße" entlang. Spielende Kinder aus den Neubausiedlungen machen neugierig auf die hiesigen Spielplätze.

Zurück auf dem ausgebauten Rad- und Wanderweg entlang der „Menzer Straße" kommen wir an einem ehemaligen Gasthaus vorbei. Wer die kalten Tage nutzt, um auf dem nahe gelegenen See mit Schlittschuhen auf dem Eis zu laufen, sollte die heißen Getränke in einer Thermoskanne mitbringen. Die Rheinsberger Landschaft mit

11

ihren zahlreichen Seen ist aber vor allem im Sommer besonders bei Wassersportlern wie Paddlern beliebt.

Der Weg führt uns weiter Richtung Menz. Linker Hand lassen wir den *Kölpinsee* liegen, den wir noch nicht einmal im Winter von der Straße erspähen könnten und kommen am *Kleinen Tietzensee* vorbei. Es ist ein kleiner See, der im Winter sehr schnell zufriert und zumindest durch den herbstlichen und gelichteten Wald können wir ihn von unserem Weg aus erkennen. Nun kommt noch eine scharfe Rechtskurve und nach der Doppelkurve sehen wir schon die Koppeln mit den Pferden vom Reiterhof.

Reitponys und Warmblüter werden vorwiegend im Vereinsbetrieb für den Reitunterricht eingesetzt. Wer sich angemeldet hat, kann hier rasten, um auf dem Rücken eines Pferdes die eigenen Füße zu entspannen. So eine Reitstunde macht nicht nur kleinen Mädchen Spaß...

In Menz angekommen entdecken die Kinder auf der anderen Straßenseite den „Sandweg" am Parkplatz. Hier führt uns eine kleine Treppe direkt runter zur Badestelle vom **Roofensee**. Wer mag, macht hier eine Rast oder genießt den Rest des Tages am Ufer auf der Liegefläche. Wir bleiben an der Hauptstraße und gehen vor bis zur großen Kreuzung. Die mittlere der drei Straßen, die hier abzweigen, nehmen wir und gehen Richtung Kirche. Links an der Kirche vorbei kommen wir zum **NaturParkHaus Stechlin**.

Die Ausstellung ist einfach spannend. Ein Bauklotzturm mit integrierter Murmelbahn hilft, die Wege der fleißigen Ameisen nachzuvollziehen. Masken, durch die wir die Welt mit den Augen von Fischen betrachten können, eröffnen neue Blickwinkel. Per Telefon können wir unterschiedliche Tiere anwählen und ihre Stimmen hören. Doch das I-Tüpfelchen kommt noch: Die Museumsbesucher können kostenlos einen Rucksack ausleihen, um ganz besondere Entdeckungen auf dem Naturlehrpfad rund um den Roofensee zu machen. Die Tour dauert bei Einsatz des Rucksackzubehörs etwa drei Stunden.

Im Rucksack finden wir die unterschiedlichsten Dinge, z. B. einen Spiegel, den wir uns auf die Nasenspitze halten sollen, um die Welt aus der Sicht der Eichhörnchen zu betrachten. Was wir mit Fernglas und Lupe anfangen sollen, können wir uns einfach vorstellen, auch wie man Toilettenpapier benutzt, wissen wir längst. Dieses ist allerdings eigentlich dafür gedacht, mal ganz genau zu sehen, wie viele Ameisen auf so einer Ameisenstraße entlangpirschen. Der Rucksack birgt noch so mancherlei Unterstützung, die uns zu überraschenden Naturbeobachtungen verhelfen kann. Glücklich jene, die ihren PKW auf dem Parkplatz in Menz abgestellt haben. Denn die öffentlichen Verkehrsmittel, sprich der Bus, fahren hier nur sehr selten und so müssen wir uns auf weitere zwölf Kilometer Fußmarsch einstellen. Abends brauchen wir keine „Gute-Nacht-Geschichte" mehr, denn entweder wir unterhalten uns über die zahlreichen Entdeckungen oder schlafen nach dem erlebnisreichen Tag hundemüde ein.

Papa, was ist denn das?

Wie kommt man nach Rheinsberg?
Bahn: RE Berlin – Rheinsberg

PKW: BAB 10, Abfahrt Fehrbellin, Karwe, Rheinsberg

Auskünfte:	Tourist-Information Kavaliershaus/Markt 16831 Rheinsberg Telefon und Telefax 03 39 31/20 59 Telefon und Telefax 03 39 31/3 92 96
Internet:	www.rheinsberg.de
e-mail:	tourist-information-rhbg@t-online.de

Schlossmuseum Schloss Rheinsberg

Auskünfte:	16831 Rheinsberg Telefon und Telefax 03 39 31/72 60

Öffnungszeiten:	April bis Oktober	
	täglich	9.30 – 17.00 Uhr
	November bis März	
	täglich	10.00 – 16.00 Uhr
	montags geschlossen	
Eintritt:	mit Führung	DM 10,00
	mit Parkeintritt	DM 12,00

Carstens Keramik

Auskünfte: Rheinsberg GmbH
Rhinstraße
16831 Rheinsberg
Telefon 03 39 31/20 03 oder 20 04
Telefax 03 39 31/21 95

RKM – Rheinsberger Keramik Manufaktur

Auskünfte: Damaschkeweg
16831 Rheinsberg
Telefon 03 39 31/7 23 60
Telefax 03 39 31/7 23 70

Reitsport E. Borchert

Auskünfte: Rheinsberger Straße 22
16775 Menz
Telefon 03 30 82/5 14 47

NaturParkHaus Stechlin

Auskünfte: Kirchstraße 4
16775 Menz
Telefon 03 30 82/5 12 10

Öffnungszeiten:	Mai bis September	
	täglich	10.00 – 18.00 Uhr
	Oktober bis April	
	täglich	10.00 – 16.00 Uhr
Eintritt:	Erwachsene	DM 8,00
	Kinder (bis 12 J.)	DM 4,00
	Familienkarte	DM 15,00

Tipp:
Unbedingt vor der Tour den Rückweg überdenken, gegebenenfalls die Fahrpläne genauestens studieren. Ab Menz fährt der Bus bis Rheinsberg leider nur sehr selten. Eine gute Möglichkeit wäre es, den PKW in Menz zu parken und mit dem Bus nach Rheinsberg zurückzufahren, um die Strecke von Anfang an zu laufen. Der Fuß- und Radwanderweg entlang der „Menzer Straße" eignet sich für einen Lauf mit Inlinern.

Kartenempfehlung:
1 : 25 000 Topographische Karte Rheinsberger Seengebiet,
   Landesvermessungsamt Brandenburg

3 „Pack die Schnorchelsachen ein, nimm dein kleines Schwesterlein...!"

Der glasklare Stechlinsee lädt zum Baden und Bootsfahren ein

Die Landschaft gehört zum Kerngebiet der Nordbrandenburgischen Seenplatte. Das markante Relief entstand während der Eiszeit. Es gibt ebene Sandflächen, wellige Grundmoräneninseln und hügelige Endmoränenkuppen und natürlich ein riesiger Reichtum an Seen. Die meisten davon besitzen keine Zu- und Abflüsse. Die klimatischen Verhältnisse des Gebietes werden in diesem Teil Brandenburgs so geprägt, dass die höhere Luftfeuchtigkeit, die häufigen Niederschläge und niedrigen Sommertemperaturen das Wachstum der Rotbuche fördern. So gedeihen die Rotbuchenwälder unter dem ozeanischen Klima bestens. Schon 1938 wurde diese besondere Landschaft mit einer Flächengröße von etwa 1 800 Hektar als Schutzgebiet „Stechlin" ausgewiesen. Das Gebiet umfasst den *Stechlin-See*, den *Nehmitz-See* und den *Großen Krukowsee*, kleinere Seen, Moore und Wälder. Der Stechlin ist es jedoch, der Mystik und Dichtern immer wieder zu neuer Inspiration verhilft. Theodor Fontane beschrieb den See nicht nur in seinen „Wanderungen durch die Mark Brandenburg", sondern 1899 noch einmal und etwas ausführlicher in „Der Stechlin". Wobei an dieser Stelle bemerkt sei: Das Schloss des Dubslav von Stechlin hat es nie gegeben – alles nur Fiktion.

Eine Runde um den großen blauen **Stechlin** bedeutet gut 17 Kilometer Fußmarsch. So mancher Wanderer ist am Ende der Tour doch wesentlich erschöpfter als erwartet, deshalb mag diese Strecke eher etwas für Familien sein, die kontinuierlich an ihrer Kondition arbeiten. Die Runde um den *Dagower See* ist kürzer und kann auch in Neuglobsow beginnen. Aber wenn wir den Stechlin wie Fontane als eine Art Herausforderung begreifen wollen, dann beginnen wir unsere Tour in **Rheinsberg** am Bahnhof. Wer mag, parkt hier den Wagen auf einem kostenlosen Parkplatz beim Bahnhof. Fußfaule sparen sich den Weg von Rheinsberg nach Neuglobsow. Sie parken den PKW auf einem der beiden gebührenpflichtigen Parkplätze in **Neuglobsow**.

Auf unserem Weg durch den Ort laufen wir geradezu leicht bergab zum Stechlin. Wir könnten auch im **Fontane-Haus** die Ausstellung zu Ehren des Dichters besuchen. Das Gebäude steht im engen Zusammenhang mit ihm, weil er einst in diesem Haus, als es noch der „Gasthof Neu-Globsow" war, abgestiegen ist. Wir kommen vorbei an einem kleinen Einkaufslädchen und sehen vor uns schon den großen Balken, der die Autos stoppen soll. Dahinter führt unser Weg uns rechts zu dem Spielplatz. Zeit für die erste kleine Rast. Schaukeln, Rutschen, Toben – bis die Kinder weiterlaufen wollen, vergeht sicher ein Weilchen. Doch wer seine Schnorchelsachen dabei hat, wird nicht lange zögern und rechts hinter dem Spielplatz den Weg runter zur Badestelle fortsetzen. Wir lassen die Badestelle hinter uns und gehen vor bis zur „Fischerhütte", einem preiswerten Restaurant, in dem es z. B. leckere Fischbrötchen auf die Hand gibt. Zeit für eine der vielen Geschichten rund um den Großen Stechlinsee. Fontane berichtet in seinen „Wanderungen durch die Mark Brandenburg" Folgendes:

„Wie still er da liegt, der Stechlin", hob unser Führer und Gastfreund an, „aber die Leute hier herum wissen von ihm zu erzählen. Er ist einer von den Vornehmen, die große Beziehungen unterhalten. Als das Lissaboner Erdbeben war, waren hier Strudel und Trichter und stäubende Wasserhosen tanzten zwischen den Ufern hin. Er geht 400 Fuß tief und an mehr als einer Stelle findet das Senkblei keinen Grund. Und Launen hat er und man muß ihn ausstudieren wie eine Frau. Dies kann er leiden und jenes nicht, und mitunter liegt das, was ihm schmeichelt und das, was ihn ärgert keine handbreit weit auseinander. Die Fischer, selbstverständlich, kennen ihn am besten. Hier dürfen sie das Netz ziehen und an seiner Oberfläche bleibt alles klar und heiter, aber zehn Schritte weiter will er es nicht haben, aus bloßem Eigensinn, und sein Antlitz runzelt und verdunkelt sich und ein Murren klingt herauf. Dann ist es Zeit, ihn zu meiden und das Ufer aufzusuchen. Ist aber ein Waghals im Boot, der es ertrotzen will, so gibt es ein Unglück, und der Hahn steigt herauf, rot und zornig, der Hahn, der unten auf dem Grunde des Stechlin sitzt, und schlägt den See mit seinen Flügeln bis er schäumt und wogt, und greift das Boot an und kreischt und kräht, das es die ganze Menzer Forst durchhallt von Dagow bis Roofen und bis Alt-Globsow hin."

Theodor Fontane

Es sind die geographischen Begebenheiten des Stechlins, die ihn so unberechenbar machen. Der See misst an seiner tiefsten Stelle etwa 68 Meter, das ist etwa die Höhe eines 20-geschössigen Hochhauses. Anders ausgedrückt: Der Stechlin unterschreitet die Meereshöhe um etwa 8 Meter, ist also tiefer als „Normal Null". Seine mittlere Tiefe liegt bei 22,8 Metern. Noch eine Besonderheit: Er ist mit seinen etwa 4,3 Quadratkilometern nicht überschaubar. Ein Grund dafür sind halbinselartige Vorsprünge und versteckte Buchten. Sein Wasser ist kristallklar. Aufgrund seines Wasservolumens gehört er zu den größten Seen in Deutschland. Die Sichttiefe dieses nährstoffarmen Klarwassersees ist wirklich beeindruckend. In den Wintermonaten können wir bis zu 15 Meter weit und in den Sommermonaten immerhin noch 12 Meter tief schauen.

3

Ein idyllisches Ziel auch im Herbst: der Stechlin-See

Noch ein paar Schritte und wir beginnen mit einem kleinen Suchspiel. Denn hier im Wald gibt es einen Baum mit grausamer Geschichte. Es ist die *„Mordbuche"*. Eine Sage erzählt von einem unglücklich verliebten jungen Mann, dessen Angebetete einem anderen versprochen war. Damit dieser sie nicht zur Frau bekäme, soll der von ihr verschmähte Jüngling das Mädchen und sich selbst an dieser Buche umgebracht haben. Doch wie können wir die Mordbuche nun erkennen? Auf ihrer vom Weg abgewandten Seite gibt es einen kleinen Hinweis, der an die gruselige Geschichte, die sich hier vor etwa 200 Jahren zutrug, erinnert.

Nach der dunklen Mordgeschichte wenden wir uns der **Sonnenbucht** zu. Die unbewachte Badestelle wird vor allem von FKK-Freunden für textilfreies Sonnen und Baden genutzt.

Unser Weg führt uns nun auf eine Brücke und wir sehen das abgeschaltete Kraftwerk hinter uns. Nach der Brücke halten wir uns rechts und gehen jetzt steil bergauf. Es sind wohl etwa 20 Höhenmeter, die wir überwinden werden. Wir laufen entlang des Zauns bis zu seinem Ende linker Hand ein kleines Waldstück aufhört. Jetzt gehen wir links wieder runter zum See. So haben wir uns den Weg um die Halbinsel gespart. Am Wasser entlang und wir kommen auf eine Gabelung. Der Weg halbwegs rechts führt uns zurück auf den Hauptweg.

Nun kommen wir zur „**Limnologie**". Es ist eine Forschungsanstalt, die die Wasserqualität des Stechlins im Auftrag der UNESCO in regelmäßigen Abständen genauestens untersucht. Und bislang sind die Ergebnisse erfreulich, denn seit das ehemalige Atomkraftwerk das warme Kühlwasser nicht mehr in den See einleitet, steigt seine Wasserqualität von Jahr zu Jahr. Gleich hinter der „Limnologie" laufen wir links wieder runter zum Wasser und gelangen entlang des Ufers zurück zum *Bootsverleih* und der Badestelle; die Gelegenheit für eine kleine Bootstour. Und wer sich an die Anweisungen des Bootsverleihers in Neuglobsow hält, braucht die von Fontane bildhaft beschriebenen Gefahren des Sees wirklich nicht zu fürchten. Im Gegenteil: Schnell werden die Kinder Freundschaft mit dem See und seinen Bewohnern schließen. In Ufernähe entdecken wir wieder Flusskrebse, die sich im seichten Wasser sonnen. Zwar wirken die possierlichen Edelkrebse mit ihren langen Fühlern und der graubraunen Färbung harmlos. Aber sie können kräftig zwicken. Auf jeden Fall sind sie ein Indiz für die fast Trinkwasserqualität des Stechlins. Viel-leicht sehen wir sogar vom Boot aus einen Hecht, der auf der Jagd nach kleineren Fischen ist. Fakt ist auf jeden Fall, dass es sich lohnt, ein Arten-Bestimmungsbuch für die Lebewesen an Land und im Wasser dabei zu haben. Und wer weiß, vielleicht ist ja doch irgendwo der „rote Hahn"?

Wie kommt man nach Neuglobsow?
Bahn: RE 5 bis Gransee oder Fürstenberg, dann mit dem Bus 836 nach Neuglobsow (Linientaxi)

PKW: B 96 bis Gransee, links der Ausschilderung folgen, über Groß-Woltersdorf, Menz

Auskünfte: Tourist-Information
Stechlinseestraße 9
16775 Neuglobsow
Telefon und Telefax 03 30 82/7 02 02

Internet: www.stechlin.de

Ruderbootverleih

Auskünfte: „Am Stechlin-See"
Horst Volkmann
Dorfstraße 18b

16775 Neuglobsow
Telefon 03 30 82/7 02 65
Tauchbasis Neuglobsow

Auskünfte: Fischerweg 2
16775 Neuglobsow
Telefon 03 30 82/7 04 53

Tipp:
Wer sich mit Schnorchel und Tauchbrille ausrüstet, wird spannende Entdeckungen im Stechlin machen. Aber diejenigen, die als Mindestanforderung den Grundschein zum Tauchen vorlegen, bekommen in der „Tauchbasis Neuglobsow" die notwendige Ausrüstung geliehen, um die heimische Pflanzen- und Tierwelt im kristallklaren Wasser des Stechlins zu beobachten.

Kartenempfehlung:
1 : 25 000 Rheinsberger Seengebiet, Landesvermessungsamt
Brandenburg

Mit Pedalkraft über die Schienen 4

Mit der Draisine Fürstenberg/Havel nach Templin

Uckermärker preisen ihre Heimat gerne als Land der Seen. Die reizvolle Landschaft ist das Werk der Gletscher, die vor 20 000 bis 15 000 Jahren die Landschaft zeichneten. Auf engem Raum finden wir Seen, Hügel und Reste riesiger Gesteine.

Wir werden uns die Landschaft auf einer Draisine erstrampeln und einige kurze Spaziergänge am Rande der Streckenführung zwischen Fürstenberg/Havel und Templin machen. Draisinen wurden schon seit den Anfängen der Eisenbahn immer wieder als Transportmittel bei Streckenkontrollen, kleineren Reparatur- sowie Instandhaltungsarbeiten der Eisenbahner genutzt. Als ihr Erfinder Karl Freiherr Drais von Sauerbronn (1785 bis 1851) sein Werk auf die Schienen schickte, wurde es schon bald auch für den Transport von Post genutzt. Kein Wunder eigentlich. Denn die Draisinen werden ökologisch mit der Kraft der Beine, wie ein Fahrrad über die Pedale angetrieben – ein Transportmittel, mit dem man sich nicht verfahren kann, weil der Weg auf den Schienen immer bis zum nächsten Bahnhof führt. Zwei Erwachsene und zwei Kinder (bis 12 Jahre) haben auf einer Draisine Platz. Der Draisinenlenker dient lediglich als Stütze für die Hände und kann sehr gut mit Rucksäcken und Gepäck behangen werden. Wer unterwegs picknicken will, hebt das Schienengefährt einfach von den Gleisen und stellt es wie ein Fahrrad nebenan ab.

Die Fahrt mit der Draisine ist eine tolle Fahrt

4

Unsere Fahrt beginnt am Bahnhof **Fürstenberg/Havel**. Einen durchgängigen Wanderweg entlang der Schienen gibt es nicht. Entlang der Schienen zu laufen wäre außerdem verboten, gibt ein Sprecher Auskunft. Da die Draisine pro Tag und Strecke bezahlt wird, haben wir (fast) alle Zeit der Welt, um die 30 Kilometer lange Strecke gemütlich entlangzuradeln. Der Preis berechtigt zur Benutzung des Buslinienverkehrs der Uckermärkischen Verkehrsgesellschaft mbH (UVG) zwischen Fürstenberg/Havel und Templin. Autofahrer können ohne großen Organisationsaufwand die „Öffentlichen" nutzen – noch einfacher ist es, gleich mit ihnen an- und am Ende der Fahrt wieder abzureisen.

In **Fürstenberg** selbst würde sich vorweg ein Besuch im *Schloss*, auf der *Burg* und selbstverständlich auch im *Heimatmuseum* lohnen. Doch wenn die Draisine gebucht ist, sollten wir pünktlich an der Ausleihstation Weidendamm sein und unsere Tour beginnen.

Zunächst radeln wir über den Hegensteinbach, dann unter der Straßenbrücke entlang. Wer zurückschaut, sieht noch eine Zeit den 50 Meter hohen Turm der *Stadtkirche* aus gelbem Backstein (1848). Schon bald sind wir bei Kilometer 121,0 am Rastplatz Ravensbrück angelangt. Von hier aus bestünde die Möglichkeit, zur *Mahn- und Gedenkstätte Ravensbrück* (siehe Kapitel 33) zu gehen.

Wir fahren weiter durch das bewaldete Gebiet und erreichen bei Kilometer 116,3 **Himmelpfort** (siehe Kapitel 5). Der Ort kam zu seinem himmlischen Namen, als ein Zisterzienser-Mönch bei seinem Anblick „Coeli Porta" – Himmelspforte – ausgerufen haben soll. Die efeuumrankten Reste eines Klosters finden wir heute in der Nähe der Schleuse. Die Kinder interessieren sich jedoch meist mehr für den Briefkasten des Weihnachtsmannes, für dessen Tradition sich das Dorf erfolgreich eingesetzt hat. Um dorthin zu gelangen, müssen wir einen kleinen Spaziergang von etwa fünf Kilometern machen und den Schildern folgen. Im Ortszentrum entdecken die Kinder auf der rechten Seite die Post mit dem Briefkasten. An der Schleuse können wir die Freizeitkapitäne beobachten oder im Sommer eine Open-Air-Schachpartie machen.

An der Strecke finden wir immer wieder Gelegenheiten für ein Bad im kühlen Nass der fünf Seen rund um *Lychen* (siehe Kapitel 5). Oder wie wäre es zum Beispiel mit einer wunderschönen Dampferfahrt? Die Draisine bleibt fest mit einem Fahrradschloss verschlossen stehen, bis wir von unserem Abstecher zurück sind.

Wir strampeln weiter und werden auf der rechten Seite mit einer unvergleichlichen Sicht auf den *Lychensee* belohnt. Links von den Schienen sehen wir den *Stadtsee* mit Lychen. Bald gelangen wir zum Fischer, der fangfrischen Aal und wirklich köstliche Räucherware ab Hof verkauft. Bei seiner Frau können wir Bernsteinschmuck erwerben. Teilweise, so gibt die Tochter Auskunft, würde Papa die Steine

Fangfrischer Fisch aus dem Lychensee – eine Delikatesse

in den nahe gelegenen Kiesgruben selbst sammeln. Die Eiszeit brachte die kleinen Schätze hierher. Ein paar Meter weiter verweist ein eingebuddeltes Boot auf die Kanu- und Hydrobikestation der Firma „Treibholz" (siehe Kapitel 5).

Nachdem wir den Ortsteil Hohenlychen bei Kilometer 109,0 passiert haben, kommen wir an den Rastplatz **Tangersdorf**. Er ist mitten im stillen Wald gelegen. Noch knapp einen Kilometer und wir erreichen per pedes **Wuppgarten**. Hier treffen *Zens- und Platkowsee* aufeinander.

4

Weiter Richtung Templin kommen wir zum Rastplatz **Alt-Placht**. Genau bei Kilometer 101,2 halten wir für einen Abstecher zum Kirchlein im Grünen. Es ist im nordfranzösischen Stil um 1700 erbaut. Heimische Kiefernbalken, Stroh und Lehm geben der Alt Plachter Fachwerkkirche Halt. Der Bau wurde jüngst restauriert und soll für uns und nachfolgende Generationen den Zusammenhang von Natur und Religion symbolisieren. 400 bis 500 Jahre sind die Linden alt, die die kleine Kirche umgeben. Wie viele Arme werden wir brauchen, um den dicksten Baum zu umfassen?

Inzwischen haben wir fast zehn Kilometer Strecke durch den Wald hinter uns. Gleich hinter dem Rastplatz **Neu-Placht** entdecken die Kinder Rindviecher, die uns, während sie genüsslich vor sich her malmen, den Weg versperren. Hier kreuzt nämlich der „Kuhweg" die Schienen. Die freie Sicht übers Land, mit den bestellten Feldern, dem Brachland und den heimischen Tieren, die sich längst an den Schienenverkehr gewöhnt haben, belohnt unsere Geduld. Schließlich überqueren wir bei Kilometer 95,0 eine Chaussee. Und an der Templiner Kanal-Brücke können wir mit dem Endspurt beginnen, bei Kilometer 93,8 erreichen wir unser Ziel: die Basisstation **Templin**.

Um die Beinmuskulatur wieder ans Laufen zu gewöhnen, können wir noch eine Runde entlang der *Stadtmauer* spazieren. Sie ist 1 735 Meter lang und hat drei Tore. In einem versteckt sich das *Volkskundemuseum*, im nächsten eine *Ausstellung zu Großschutzgebieten* und im dritten finden wir eine *Arbeitsstätte von Künstlern*. Doch nach den 30 Kilometern Fitness ist die Aussicht auf eine Apfelschorle oder ein Eis vielleicht erfrischender. Nach der Pause kommen wir mit dem Bus zurück zu unserem Startbahnhof.

Wie kommt man nach Fürstenberg/Havel?
Bahn: RE 5 ab Berlin Fürstenberg/Havel

PKW: Berlin – Neustrelitz B 96/E 251

Weglänge:	30 km
Auskünfte:	TourismusService Templin
	Akzisehaus
	Obere Mühlenstraße 11
	17268 Templin
	Telefon 0 39 87/26 31
	Telefax 0 39 87/5 38 33
Internet:	www.tourismus-service-templin.de

e-mail:	templin-info@t-online.de
Weitere Infos:	Förderverein Feldberg-Uckermärkische Seenlandschaft e. V. Am Markt 12 17268 Templin Telefon 0 39 87/5 37 33

Draisinen-Büro

Auskünfte:	Bahnhof Fürstenberg/Havel Bahnhofstraße 31 16798 Fürstenberg/Havel Telefon 03 30 93/3 71 11 Mobil 01 73/2 37 91 02 Telefax 03 30 93/3 72 77
Preise:	montags bis freitags DM 90,00 samstags, sonn- und feiertags DM 95,00

Tipp:
Um in der Uckermark garantiert die Burgen der Biber, die bevorzugten Plätze der Eisvögel und Kraniche zu sehen, können Wanderer über den TourismusService Templin e. V. (Telefon 0 39 87/26 31) Kontakt zu ausgebildeten Natur- und Landschaftsführenden bekommen. Sie kennen Land und Leute wie ihre Westentasche und haben verschiedene reizvolle Touren bereits ausgearbeitet. Bei der Mindestteilnehmerzahl von fünf Personen zahlen Erwachsene DM 9,00 und Jugendliche (12 bis 16 J.) DM 5,00. Für Kinder ist die Teilnahme kostenlos.

Kartenempfehlung:
VBB, Berlin/Brandenburg Erlebnis Atlas

5 Wunschzettel und Weihnachtspost

Auf ungewöhnlichen Wegen von Lychen nach Himmelpfort

Kinder können klasse Fragen stellen. Auf manche gibt es klare Antworten, manchmal ist es einfach schwieriger. Was sagt man denn auf Fragen wie: Gibt es den Weihnachtsmann? Kann man mit dem Rad auf dem Wasser fahren? Also, das mit dem Weihnachtsmann ist ja bekanntlich so eine Sache. Echte Wunschzettel schreibt man an den Weihnachtsmann und gibt ihn bei den Eltern, Großeltern oder Freunden ab. Und was passiert dann? Guter Rat ist also teuer. In Brandenburg kostet er genauer gesagt eine Briefmarke. Denn in **Himmelpfort**, im Naturpark Uckermärkische Seen, steht sein Briefkasten. In Himmelpfort können wir also seit 1987 das ganze Jahr, die Hauptsaison beginnt im November, Wunschpost einwerfen – direkt an den Weihnachtsmann und im Dezember gibt er sich im geschmückten Postamt persönlich die Ehre. Vom Ufer des Haussees ist es nicht mehr weit zum Postamt. Wir gehen über die Klosterwiese am Haus des Gastes vorbei, dann rechts und 200 Meter weiter gelangen wir zum **Postamt**. Auf dem Rückweg lohnt sich der Besuch in der Dorfkirche und der Klosterruine auf jeden Fall – einmal über die Straße und wir gelangen zum Klosterkräutergarten mit allen Kräutern, die man sich nur denken kann.

Nun also zur zweiten Frage. Ja, man kann mit dem Fahrrad auf dem Wasser fahren. Die Idee kam aus Amerika in die Uckermark. Dort setzten die Erfinder ein Fahrrad auf zwei Schwimmkörper und versa-

Auf dem Hydro-Bike zum Weihnachtsmann-Briefkasten radeln

hen den Antrieb mit einer Bootsschraube. An das Lenkrad wurde ein Ruderblatt gebaut und somit war das **„Hydro-Bike"** geboren. Die Schwimmkörper sind katamaranähnlich angebracht und sollen dem Gerät seine stabile und schnelle Fahrweise verleihen. Weder kippen, noch sinken würde das Gerät, sagen die Hersteller. Klingt gut? Kleinkinder bis etwa vier Jahre fahren im Kindersitz mit. Wer groß genug ist für einen 26er-Fahrradrahmen (etwa ab 8 Jahre) strampelt selbst. Schwimmweste und Sicherheitsanweisung gehören zum Standard. Die sechs Kilometer lange Strecke von der Flößerstadt Lychen zum Postamt Himmelpfort ist für Anfänger gut geeignet, denn wer gemütlich radelt, ist nach knapp zwei Stunden wieder am Start. Es sei denn, wir treffen den Weihnachtsmann unterwegs...

Die beschauliche **Altstadt Lychens** gleicht fast einer Insel, weil sie von zahlreichen Seen umgeben ist. Die für Lychen wichtigsten sieben Seen bilden das so genannte Seenkreuz. Kein Wunder also, dass die Lychener sich gut mit dem Bau von Booten auskennen. Es war für sie einst überlebenswichtig. Im August, zum alljährlichen Flößer-Fest, können die Besucher im *Flößereimuseum* Lychen live erleben, wie nach traditioneller Bauweise ein Floß entsteht. Das alljährliche Flößerfest in Lychen gehört zu den schönsten traditionellen Festen, die in Brandenburg gefeiert werden. Wer nach dem Museumsbesuch Lust auf eine Floßfahrt bekommen hat, kann vor Ort die ein- oder zweistündigen Fahrten über den **Oberpfuhlsee** buchen.

Zu einem der saubersten Seen der Uckermark gehört der **Wurlsee**. Ein etwa sieben Kilometer langer, ab Lychen Marktplatz gut ausgeschilderter Rundweg umgibt ihn. Unser erstes kleines Ziel sind die Reste des Fürstenberger Tores, in dem sich die Lychen-Information befindet. Wir folgen weiter den Wanderwegweisern mit dem *gelben Kreuz*. Rechter Hand sehen wir den *Ebert Park* mit einem kleinen Bootsverleih am Nesselpfuhl, links gibt es das *Gefallenendenkmal*. Unser Weg führt uns weiter durch die Kastanienallee der „Berliner Straße". Nach einem heftigen Herbstwind liegen hier tausende Kastanien auf dem Boden und werden gerne von den Kindern eingesammelt.

Weiter geht es an der Hauptstraße entlang und wir kommen auf der rechten Seite des Nesselpfuhlufers am **VVN-Denkmal** vorbei. Das kupferne Mahnmal wurde nach dem Zweiten Weltkrieg für die Opfer und Verfolgten errichtet. Wir kommen über die kleine Brücke, die uns über den Verbindungskanal zwischen Nesselpfuhl und Stadtsee bringt.

Gegenüber der „Schlüßstraße" verlassen wir die „Berliner Straße". Schon nach wenigen Sprüngen abseits des Hauptweges sind die Kinder am Ufer des Wurlsees. Zwei Kilometer werden wir jetzt entlang des Ufers laufen. Bald gelangen wir zur Halbinsel „Lindenhof", auf der Hotel und Gaststätte gebaut wurden. Zeit für eine Pause zum Spielen? Stellt euch vor: Während der Völkerwanderung (5. – 6. Jahrhundert) kamen aus dem fernen Osten Völker in dieses von der Eiszeit vor 17 000 Jahren geprägte Gebiet. Hier konnten sie in den Seen dem Fischfang nachgehen, Ackerland anlegen und ihre Tiere weiden lassen. Damit sie keine Angst vor Feinden haben mussten, wählten sie Inseln und Halbinseln als Wohnplätze, die ihnen natürlichen Schutz gaben.

Später bauten sie wie hier Fluchtburgen. Tun wir es den Bewohnern gleich und gehen von hier aus weiter auf Entdeckungstour.

Nachdem wir kurz die „Retzower Chaussee" entlang gelaufen sind, lockt uns bei sommerlichen Temperaturen die Badestelle „Wurlgrund". Von der Straße nach rechts gehen wir über den Zeltplatz „Rehberge". Nach etwa 200 Metern führt uns der Weg zurück zum Ufer. Jetzt gelangen wir zum Quellgebiet des Wurlsees und laufen über die Brücken weiter auf halber Höhe am Steilufer entlang.

Bald erreichen wir die **„Ilsenquelle"**, deren Wasser der Sage nach wahre Wunderdinge in Sachen Gesundheit oder Schönheit bewirken können soll. Bald kommen wir zur „Strelitzer Landstraße". Am „Wurlsteig" führt uns der Weg rechts von der Straße ab, auf ihm halten wir uns links und erreichen eine Brücke. Unter uns ist der natürliche Verbindungskanal zwischen Wurlsee und dem Nesselpfuhl – die Wurlflut. Ja, wer sich jetzt gut orientiert hat, merkt schnell, dass wir geradeaus auf die „Berliner Straße" gelangen. Noch einmal links abgebogen und wir kommen direkt zum Marktplatz zurück.

Wie kommt man nach Lychen?
Bahn: Fürstenberg/Havel, Bus, Draisine (siehe Kapitel 4)

PKW: B 96/B 109 bis Fürstenberg/Havel, Richtung Lychen

Weglänge:	ca. 2 bis 3 Stunden Fahrt mit dem Hydro-Bike, etwa 7 km um den Wurlsee
Auskünfte:	Fremdenverkehrsverein Lychen Fürstenberger Straße 11a 17279 Lychen Telefon 03 98 88/22 55 Telefax 03 98 88/41 78
Internet:	www.lychen.de
e-mail:	fremdenverkehrsverein@lychen.de

Weitere Infos:	Tourist-Informations-Büro Himmelpfort Klosterstraße 23/Haus des Gastes 16798 Himmelpfort Telefon 03 30 89/4 18 94	
Öffnungszeiten:	dienstags bis freitags	11.00 – 17.00 Uhr

Flößereimuseum

Auskünfte:	Stargarder Straße 15 a 17279 Lychen Telefon 03 98 88/4 33 77	
Öffnungszeiten:	Mai, Juni und September mittwochs, freitags, samstags und sonntags Juli und August dienstags bis sonntags und	13.00 – 16.00 Uhr 10.30 – 12.00 Uhr 13.00 – 16.00 Uhr
Eintritt:	inkl. Floßfahrt mit Begleitung Erwachsene Kinder (4 bis14 J.)	DM 15,00 DM 10,00

Tipps:

Briefe an den Weihnachtsmann:
An den Weihnachtsmann
16798 Himmelpfort
Absender nicht vergessen!

Verleih von Hydro-Bikes, Kajaks, Kanadier etc.:
Fa.Treibholz
Inh. Marcus Thumm
Stargarder Straße 15 a
17279 Lychen
Telefon 03 98 88/4 33 77
Telefax 03 98 88/4 33 78

e-mail: marcus@treibholz.com

Campingpark Himmelpfort:
Am Stolpsee 1
16798 Himmelpfort
Telefon 03 30 89/4 12 38

6 Ton, Stein, Haus

Durch die Tonstichlandschaft zum Museumspark Mildenberg

Es waren die Zisterzienser, die das kleine Örtchen Zehdenick im 13. Jahrhundert zu seiner ersten Blütezeit verhalfen. Die Zehdenicker sind eng verwurzelt mit der Landschaft ihrer Heimat. Denn Zehdenick ist am Wasser gelegen, die Havel und die umliegenden Seen gehen Glück und Wohlstand bringende Verbindungen ein. Und der Landstrich ist wie für Familienausflüge gestaltet – überall gibt es etwas zu entdecken. Durch den Tonbau wurde die Landschaft nachhaltig verändert und bildet heute einen intakten Lebensraum für Flora und Fauna.

In **Zehdenick** beginnt unsere Wanderung am Markt. Unser Weg führt uns weiter entlang der „Berliner Straße" über die *Dammhast-Brücke*. Sie ist heute das Wahrzeichen der Stadt. Die Zugbrücke lässt die Kinder staunen. Weiter geht es in die „Dammhaststraße" und geradeaus Richtung Templin (siehe Kapitel 4). Wir kommen an der katholischen Kirche vorbei und gelangen zum Ortsausgang. Andere Etappenziele könnten Zugbrücke, Schleuse und Trockendock sein. Rechts sehen wir den „Mietenstich" und links den „Waldstich" mit Freibad. Von Bootsverleih über Schwimmkurse gibt es hier jede Menge Angebote.

Geradeaus blickend, finden wir weiter vorn rechts einen Parkplatz am Beginn eines *Natur-Lehrpfades*. Alte Baumbestände und Informationen über unterschiedliche forstwirtschaftliche Maßnahmen finden wir hier ebenso wie die alten Grabstätten ehemaliger Oberförster. Wir verlassen die kaum befahrene Chaussee und laufen links nach Neuhof und kommen am Bahnhof vorbei, überqueren die Gleise und biegen links ab in die „Schulstraße". Rechter Hand sehen wir die Einbuchtung des „Eichlerstichs". Weil der Ton aus der Erde „gestochen" wird, haben rund um Zehdenick und entlang der 215 Kilometer langen Tonstraße viele Namen einen „Stich" – meistens am Ende. In der Gegend von Zehdenick gibt es 87 ehemalige Tongruben.

Geradezu kommen wir zur „Betonstraße", gehen rechts ab und lassen den Blick durch die Landschaft schweifen. Wir sehen links und rechts Tonstiche. Bald erreichen wir das Werk 5, es ist ein ehemaliges **Ziegeleiwerk**. Jetzt geht es rechts ab und wir haben endlich wieder Sand unter den Füßen. Weiter geht es also auf dem Sandweg bis zur nächsten Weggabelung, an der wir uns ebenfalls wieder rechts halten werden. Dann überqueren wir die Bahngleise und wieder entdecken die Kinder, inzwischen mit geschultem Auge, Tonstiche. Unser

Feldweg leitet uns zur „Burgwaller Landstraße". Wir laufen links knapp zwei Kilometer an ihr entlang, bis die Kinder auf der linken Seite das Forsthaus bei *Burgwall* entdecken. Zeit für ein sommerliches Bad? In Burgwall gibt es viele Bademöglichkeiten. Aber es kann natürlich auch ein Heidenspaß sein, Hasen, Rehe, Biber, Kraniche und Rohrdommel zu beobachten.

Der Hauptstraße folgen wir nach links und erreichen eine Haltestelle der *Tonlorenbahn*. Ab „Burgwall Brücke" können diejenigen, die keine Lust mehr zum Laufen haben, bequem mit der Feldbahn Richtung Ziegeleipark fahren. Aber da wir drei Viertel des Weges bereits geschafft haben, könnte es ja sein, dass der Ehrgeiz die Kinder packt und sie noch laufen wollen.

Also geht es weiter über die schmale Havelbrücke und dann links ab. Neben uns, am Wegesrand, sehen wir ein altes Ziegeleigebäude. An der nächsten Weggabelung halten wir uns erneut links und spazieren parallel zur Havel über einen Ziegeleihof. Dann macht unser Feldweg eine leichte Rechtskurve und wir überqueren die Gleise der Feldbahn. Rechts liegt der „Schülke-Stich" und links der „Burgwaller-Stich". Noch ein kleines Stückchen geradeaus durch den Mischwald und dann laufen wir an der nächsten Kreuzung links, vorbei am ehemaligen Kinderheim.

Über dem Ziegeleipark steigen schon lange keine Rauchschwaden mehr auf. Vor uns die Dampfmaschine von 1927, die Ziegeleimaschinen antrieb und für Strom sorgte. Die Kinder stürmen zum Eingang des **Museumsparks Mildenberg**. Einst noch war die **Ziegeleibahn**, mit der wir heute eine gemütliche Rundfahrt unternehmen, damit sich die müden Füße erholen können, ein besonders wichtiges Transportmittel. Dann wandern wir durch das Eldorado für die kleinen technisch interessierten Entdecker. Und über kurz oder lang werden sie die Spielwiese in Beschlag nehmen. Riesenrutsche, Irrgarten, Trampolin und Badestelle laden zum Spielen und Toben ein. Wer mag, darf in Mildenberg selbst Hand anlegen und eigene Ziegel formen. Allerdings wird um Voranmeldung gebeten. Für die Kinder ist das Tonkneten und -formen eine willkommene Abwechslung bei der man sich sogar schmutzig machen darf. Schließlich ist das Ziegelformen eine ebenso ehrwürdige Arbeit wie das Formen von Sandkastenkuchen. Doch die echten Steine könnte man ja glatt weg nutzen, um später mal ein richtiges Haus auf fester Grundlage zu bauen. Also backe, backe Ziegelsteine!

6

Wie kommt man nach Mildenberg?
Bahn: RB 12, ab Bahnhof Zehdenick zu Fuß (8 km entlang der grünen Wegmarkierung)

PKW: Gransee – Zehdenick, Abzweig Karlshof

Wegstrecke: 8 km

Auskünfte: Fremdenverkehrsbüro des
Fremdenverkehrsvereins Zehdenick e. V.
Schleusenstraße 22
16792 Zehdenick
Telefon und Telefax 0 33 07/28 77

Internet: www.fremdenverkehrsbuero-zehdenick.de

Bademöglichkeit:

Auskünfte: Waldbad
Telefon 0 33 07/3 64 69

Öffnungszeiten: 1. Mai bis 15. September
täglich 9.00 – 20.00 Uhr

Eintritt: Erwachsene DM 2,00
Kinder DM 1,00

Museum Ziegeleipark Mildenberg

Auskünfte: Ziegeleiweg 10
16775 Mildenberg
Telefon 0 33 07/3 10 41-0
Telefax 0 33 07/3 10 41-1

Internet: www.ziegeleipark.de

e-mail: info@ziegeleipark.de

Öffnungszeiten: Mai bis September
samstags, sonn-
und feiertags 10.00 – 19.00 Uhr
wochentags 10.00 – 18.00 Uhr
April bis Oktober
samstags, sonn-
und feiertags 10.00 – 18.00 Uhr

	wochentags	nach Vereinbarung (nur Gruppen)
Eintritt:	Erwachsene	DM 9,00
	Kinder	DM 5,00
	Familien	DM 20,00

Tonlorenbahn

Die Bahn hat am Haltepunkt „Burgwall Grube" Aufenthalt und der Lokführer macht nach vorausgehender Anmeldung eine Führung zum Thema „Tagebau in Burgwall". Die Sandgrube hier ist noch in Betrieb. Es gibt eine Besucherplattform.

Auskünfte/Anmeldung: Telefon 03 30 80/6 04 16

Eintritt:	Erwachsene	
	Hin- und Rückfahrt	DM 6,00
	einfache Fahrt	DM 4,00
	Kinder (bis 12 J.)	
	Hin- und Rückfahrt	DM 3,00
	einfache Fahrt	DM 2,00

Tipp:

Wer sich für die Geschichte von Zehdenick interessiert, sollte sich unbedingt mit dem hiesigen Pfarrer für eine Führung zur Ruine des Klosters verabreden.

Auskünfte: Telefon 0 33 07/31 33 84 (Herr Rahner)

Öffnungszeiten: Klostergalerie in der Klosterscheune
mittwochs bis sonntags 13.00 – 18.00 Uhr

7 Von Ferkeltaxis und anderen Fahrzeugen

Im Gramzower Eisenbahnmuseum fährt die Draisine

Das wohl älteste Dorf der Uckermark, Gramzow, liegt im Norden zwischen Schwedt, Angermünde und Prenzlau. Erwähnt wurde Gramzow erstmalig 1178. Die Siedlung mit zwei Kirchen entwickelte sich einst zu einem Marktflecken mit regem Handel. Eisenbahnfreunde aus aller Welt kennen den kleinen Ort. Er bietet sich an für einen kleinen Ausflug in Kombination mit dem Spaziergang durch Prenzlau (siehe Kapitel 8). Echte Eisenbahnfans bleiben allerdings auch schon mal einen ganzen Tag in **Gramzow**, um die hiesige Ausstellung genauestens zu inspizieren. Zahlreiche Loks, Triebwagen

Die T 3 am Eingang des Museums

und Waggons finden wir im **Brandenburgischen Museum** für Klein- und Privatbahnen in Gramzow. Die Brandenburger hatten viele Namen für ihre Kleinbahnen. Liebevoll sprach man vom „Ferkeltaxi", weil die Schienenfahrzeuge brav von Dorf zu Dorf fuhren und so eine wichtige Aufgabe im hiesigen Verkehrsnetz übernahmen. Sie verbanden abseits der bedeutenderen Strecken das flache Land mit den Zentren – Stadt und Land profitierten von ihnen.

Vor dem eisernen Tor stellen wir das Auto auf dem Parkplatz ab. Dann tauchen wir ein in die Welt der Schienenfahrzeuge und ihre Entwicklungsgeschichte. In der *Gleisbauausstellung* lernen die Kinder unterschiedliche Werkzeuge kennen und erfahren, wie gestern und heute Streckenabschnitte entstehen.

Nachdem wir uns mit Gleistechnik und Streckennetz beschäftigt haben, gehen wir rüber in den *Lokschuppen*. Denn hier sind über 40 Fahrzeuge ausgestellt. Die Vielfalt der Schienenfahrzeuge überrascht, denn wer heute in der Großstadt lebt, wird kaum bewusst auf die einzelnen Triebwagen, die seine U-, S- oder Straßenbahn ziehen, achten. Doch die Museumsmitarbeiter, die mit viel Liebe zum Detail die Ausstellung aufgebaut haben und pflegen, wissen, worauf es ankommt, um die Begeisterung für ihr Hobby zu wecken. Im Lokschuppen können die kleinen Besucher selbst auf die Führerstände klettern und sich wie echte Lokführer fühlen. Das Museum wird zum begehbaren Güterbahnhof mit Spiel- und Lernoption. Dampf-, Elektro- und Diesellokomotiven sowie Triebwagen, Waggons und Arbeitsfahrzeuge werden schnell von den Kindern unterschieden. Wobei die handbetriebene Drehscheibe, die Anlage zur Lokbehandlung, der Wasserkran und die Bekohlungsanlage mit Stützbühne echte Highlights sind. Die Schautafeln und Modelle helfen, die komplexen Sachverhalte und Zusammenhänge zu verstehen. Und so kommt es wohl, dass manch kleiner Besucher hier seinen Berufswunsch auf einem der Podeste ausgesprochen hat: „Lokomotivführer". Ausprobieren können die kleinen Lokführer ihr Talent dann zunächst im Außengelände. Hier lockt der Trafo der lustigen Spielbahn.

Wer sich ausreichend im Museum umgeschaut hat, mag vielleicht selbst ein traditionsreiches Besucher-Schienengefährt ausprobieren. Sogar Kinder dürfen in Gramzow selbständig mit der *Handhebeldraisine* auf einem kurzen Streckenabschnitt fahren. Es ist gar nicht so anstrengend, wie es auf den ersten Blick aussieht. Die beiden Hebel übertragen die Kraft der Armmuskeln auf Zahnräder, die geben Schwung, und los geht es. Außerdem gibt es an bestimmten Tagen im Jahr auch die Möglichkeit, mit einem der historischen Eisenbahnfahrzeuge mitzufahren. Ein ganz besonderer Spaß für die Kinder, denn es zischt und rattert eben doch anders als gewohnt. Tüüt, Tüüt, Tüüt hier kommt die Bimmelbahn...

Wie kommt man nach Gramzow?
Bahn: RE Berlin – Stralsund

PKW: BAB 11 Berlin, Abfahrt Gramzow/B 166

Auskünfte:	Uckermärkischer Verkehrsverein Prenzlau e. V. Uckerwiek 813 17291 Prenzlau Telefon 0 39 84/86 51 40 Telefax 0 39 84/86 51 49

Brandenburgisches Museum für Klein- und Privatbahnen Gramzow

Auskünfte:	Am Bahnhof 3 17291 Gramzow Telefon und Telefax 03 98 61/7 01 59
Internet:	www.uckermark.de www.technikmuseen.de www.wf-uckermark.de
Öffnungszeiten:	Mai bis Oktober mittwochs bis sonntags 11.00 – 17.00 Uhr Einlass bis 16.30 Uhr
Eintritt:	Erwachsene DM 4,00 Kinder (6 bis 18 J.) DM 2,00

Tipp:
Wer nach dem Museumsbesuch Lust bekommen hat, eine weitere Strecke mit der Draisine zu fahren, dem sei die Strecke von Fürstenberg/Havel nach Templin empfohlen (siehe Kapitel 4).

Kartenempfehlung:
1 : 100 000 Freizeitkarte Uckermark, Fremdenverkehrsverband Uckermark

Wie legt man einen Naturteich an? 8

In der Ökostation Prenzlau auf Entdeckung

Im Mittelalter wechselte die Zugehörigkeit der Stadt **Prenzlau** mehrfach zwischen Brandenburg, Mecklenburg und Pommern. Heute gehört Prenzlau zu den seltenen Städten in der Mark Brandenburg, die vor der planmäßigen Anlage aus mehreren Siedlungskernen bestanden. Im Mittelalter hatte Prenzlau seine Blütezeit. Doch die Stadt hat ihren Reiz, vielleicht auch Dank ihrer alten Kirchen, erhalten. Der 30-jährige Krieg hinterließ seine Spuren und erst der Große Kurfürst Friedrich Wilhelm bewirkte wieder eine wirtschaftliche Belebung. Eine seiner Ideen war es, französische Hugenotten anzusiedeln und eine Garnison nach Prenzlau zu verlegen.

Vom Bahnhof gehen wir links Richtung Innenstadt. Einige Schritte weiter biegen wir links ein in die „Grabowstraße" und kommen vorbei am Stadtpark. Da die Kinder nach der Fahrt unendliche Sehnsüchte nach einem Spielplatz verspüren, geben wir also nach und machen einen kleinen Abstecher in den Stadtpark. Hier gibt es sogar Fußballplätze, eine Skaterbahn und einen Basketballplatz. Sicher lohnt sich auch der Weg zur *Marien-Kirche*. Einfach den Hinweisen folgen und sich ab Mitte des Stadtparks rechts in Richtung Innenstadt halten.

Ein kleiner Abriss zur Prenzlauer Geschichte: 1172 war am Seeufer des unteren Ückersees ein Burgwall mit einer kleinen slawischen Siedlung gelegen. Um 1200 entstand im Nordosten ein Dorf, in dessen Zentrum die Jakobi-Kirche ihren Platz hat. Außerdem gab es eine Kaufmannsniederlassung, hier entstand die Nikolai-Kirche. Noch unter der pommerschen Herrschaft wurde 1234 Prenzlau das Stadtrecht verliehen und ein gitterförmiges Straßennetz gebaut. An der großen mittleren Straßenachse in West-Ost-Richtung kamen weitere bedeutende Bauwerke hinzu. Das Heiliggeisthospital, die Hauptpfarrkirche St. Marien und das Rathaus am Markt. Die nördliche Uckermark und Prenzlau fielen um 1250 an die askanischen Markgrafen von Brandenburg, die 1275 den Bau des Prenzlauer Dominikanerklosters veranlassten. 1287 wurde der Stadt das Recht zuerkannt, sich mit einer steinernen Mauer zu umgeben. Die Franziskaner hatten sich um 1250 schon nordwestlich der Marienkirche angesiedelt. So bildete sich in Prenzlau ein interessantes Glaubens-Wurzel-Geflecht.

Machen wir uns mal auf den Weg, um den Glauben an die Wunder der Natur zu erhalten und gehen weiter zur Ökostation.

37

Unser Papierschiffchen geht auf große Reise

Der direkte Weg zur **Ökostation** führt uns vor bis zur „Schwedter Straße", dort links abbiegen und die Straße runter laufen. Und vor der Eisenbahnbrücke gehen wir rechts die kleine Straße hinauf und folgen der Beschilderung.

Die Kinder erobern die Gärten und den Naturspielplatz. In der *Lehmbauwerkstatt* können sie mit einem der ältesten Baustoffe der Welt matschen und beim Bau einer Hütte helfen. Und wo wir schon beim Thema Gestaltung sind: Wer daheim einen Naturteich anlegen will, bekommt hier die notwendigen Informationen von den Mitarbeitern. Wobei die jungen Besucher dann oftmals die Eltern belatschern, ob es nicht möglich wäre, einen kleinen Schafstall zu bauen. Schließlich sind die Rauwolligen Pommerschen Landschafe eine vom Aussterben bedrohte Rasse und hier gibt es Lämmer, die sich so kuschelig weich anfassen. Noch schöner wäre es aber, sie als tierische Freunde und biologischen Rasenmäher im heimischen Garten zu halten. Seit 1998 hält die *Erlebnisgärtnerei* ein großes Pflanzensortiment bereit und gibt Tipps, wie die einheimischen Pflanzen sinnvoll im Garten kombiniert werden können. Das 5,5 Hektar große Gelände lädt seine Besucher ein, für die Belange des Umweltschutzes sensibel zu werden.

Unbedingt lohnenswert ist ein Blick auf den *Scharfrichtersee*, den wir von der Anhöhe mühelos einsehen können. Den Namen bekam der kleine See, weil auf der nahe gelegenen Anhöhe im Mittelalter die Hinrichtungsstätte der Stadt war. Der See ist umgeben von einem breiten Schilfgürtel, bietet zahlreichen Wasservögeln sichere Nistplätze. Menschen können deshalb nicht in dem See baden. Heute steht die Gegend unter Naturschutz und da es früher auf dem angrenzenden Gelände eine ehemalige wilde Bauschuttdeponie gab, war viel Vorarbeit zu leisten bis der facettenreiche Landschaftsgarten angelegt werden konnte. Ausgerüstet mit Fernglas und Ornithologen-Handbuch gehen wir in der *Vogelbeobachtungshütte* in Beobachtungsstellung. Verschiedene Enten, Haubentaucher und Schwäne lassen sich in ihrem Lebensraum gut beobachten. Eine besondere Gattung der Greifvögel, die Rohrweihe, baut ihre Nester hier im dichten Schilf. Vielleicht können wir sie bei der scheinbar grausamen Jagd auf junge Wasservögel und Lurche beobachten. Pfeilschnell stürzen sie auf ihre Beute, um sie später an ihre Jungen im Nest zu verfüttern.

Wie kommt man nach Prenzlau?
Bahn: RE 3 Berlin – Stralsund, aus dem Bahnhof kommend links geradeaus etwa ½ Std. Weg

PKW: Ab BAB 11, Abfahrt Prenzlau/Gramzow, ausgeschildert, B 109/198, Ökostation 300 m vorm Ortsausgang

Wegstrecke: 1 Std.

Auskünfte:	Uckermärkischer Verkehrsverein Prenzlau e. V. Uckerwiek 813 17291 Prenzlau Telefon 0 39 84/86 51 40 Telefax 0 39 84/86 51 49

BUND Ökostation Prenzlau

Auskünfte:	Am Scharfrichtersee 2a 17291 Prenzlau Telefon und Telefax 0 39 84/80 60 00	
Öffnungszeiten:	April bis Oktober montags bis freitags samstags, sonn- und feiertags	8.00 – 15.00 Uhr 10.00 – 18.00 Uhr
Eintritt:	frei Für Aktionen gilt die aktuelle Gebührenordnung, für Vogelbeobachtungen könnenФерngläser und Bestimmungsbücher gegen eine geringe Gebühr ausgeliehen werden.	

Tipp:
Kleine Pferdefreunde können jeden Mittwoch von 13.00 – 15.00 Uhr die Station aus dem Ponysattel erkunden. Preis pro Kind und Runde DM 3,00 (mit Führer).

Kartenempfehlung:
1 : 100 000 Freizeitkarte Uckermark, Fremdenverkehrsverband Uckermark

Auf ökologischen Wegen 9
bewusst durchs Leben

Vom Kloster Chorin zum Ökodorf Brodowin

Die Konzerte im Kloster Chorin machen das alte ehrwürdige Bauwerk u. a. zum Ziel vieler kulturhungriger Berliner. Die mittelalterliche Backstein-Architektur des Klosters dürfte für die Kinder nur mittelprächtig von Interesse sein. Wohl aber die thematischen Ausstellungen oder die vielen Veranstaltungen rund um das Kloster Chorin. Außerdem kann man im Biosphärenreservat Schorfheide-Chorin wunderbar wandern. Grund genug, sich die unmittelbare Umgebung des ehemaligen Zisterzienserklosters genau anzuschauen.

Ein Picknick auf der Wiese vor dem Kloster

Ausgangspunkt unserer Wanderung ist der Parkplatz am **Kloster Chorin**. Vom Choriner Bahnhof gelangen wir auf bestens beschildertem Weg direkt zum Kloster. Am Parkplatz beginnt der „Amtsweg". Eine *rote Wegmarkierung* leitet uns zum einige Kilometer entfernten *Forsthaus Liepe*. Einige wenige Meter nachdem wir unseren Weg angetreten haben, könnten wir rechts dem *Naturlehrpfad* zum Weinberg folgen. Hier wurde einst auf einem kleinen Hügel Wein angebaut.

Wir gehen aber weiter über die mit Kopfsteinen gepflasterte Straße und kommen zum Buchenhochwald, in dem wir im Frühjahr sogar den duftenden Waldmeister finden können. Bald gelangen wir zur ersten großen Wegkreuzung und können den „Amtsweg" verlassen. Wieder folgen wir dem *roten Wegweiser* und laufen entlang des Brodowiner Weges etwa 4,5 Kilometer weiter Richtung Forsthaus Liepe. Wenn die Kinder zu sehr quengeln, dann lässt sich der Weg wunderbar abkürzen. Einfach am *Denglersteinwegweiser* nach Norden abbiegen und dann an der nächsten Wegkreuzung links in den „Königsweg" einbiegen. So käme man zurück zum Kloster.

Mit frischer Waldesluft und bester Wanderlaune packen die Kinder den allmählichen Anstieg in die hügelige Endmoränenlandschaft spielend. Die Wanderwege dürfen wir nun nicht mehr verlassen, denn wir befinden uns bald im Naturschutzgebiet, worauf uns die *gelben Schilder mit dem Uhu* hinweisen. Aber da keiner vom Aussterben bedrohte Tiere, noch brütende Vögel verscheuchen will, ist es leicht, die Regeln einzuhalten. Die nächste Kreuzung hat es in sich. Rechts, im spitzen Winkel, können wir bis zum *Schiffshebewerk Niederfinow* (siehe Kapitel 11) laufen, aber wir gehen nach links in nördliche Richtung. Etwas hinter den Bäumen versteckt entdecken die Kinder bald das *Forsthaus Liepe* rechts des Weges. Weiter Richtung Norden kommen wir bald am *Plagensee* vorbei und gehen geradezu nach Brodowin. Sobald wir den Wald hinter uns gelassen haben, ist es noch etwa ein Kilometer bis wir im Ökodorf ankommen. Am Wegesrand wachsen Schlehen. Die Früchte der alten Bauernpflaume schmecken erst, nachdem sie Frost bekommen haben.

Zeit für einen kleinen Abstecher ins Dorf? Das **Ökodorf Brodowin** ist wahrlich keine Touristenfalle. Im Gegenteil: Individualreisende, Schulklassen, Kindergärten und besonders Familien sind herzlich willkommen. Die etwa 450 Dorfbewohner leben idyllisch im Biosphärenreservat Schorfheide Chorin. Aus der Mitte des 19. Jahrhunderts stammt die gut erhaltene neugotische Stüler-Kirche. Konzerte, Theaterstücke und andere kulturelle Veranstaltungen finden hier einen würdigen Rahmen. Wir laufen geradezu und am Dorfanger finden wir einen kleinen Spielplatz mit Wippe,

Holzscheiben zum Bauen und im Baum hängt ein Seil zum Schaukeln. Danach lohnt sich ein Besuch im **Haus Pehlitzwerder** am Parsteinsee – etwa vier Kilometer entfernt. Hier gibt es auch einen Parkplatz, aber was für die Kinder noch viel spannender ist: eine *Badestelle* – bis man schwimmen kann, muss man etwa 50 Meter weit laufen. Und am gegenüberliegenden Ufer gäbe es sogar eine bewachte Badestelle.

Die geschichtliche Entwicklung des Ortes von der Eiszeit bis zum Öko-Dorf ist im Haus Pehlitzwerder einfach nachzuvollziehen. Die Innenräume sind von einer Grafikergruppe aus Berlin gestaltet, so dass die künstlerisch aufbereitete Geschichtsausstellung selbst schon etwas Besonderes ist. Weiter vor im Ortsteil Weisensee kommen wir zum Bauernhof. Im Hofladen können wir uns mit Proviant eindecken, bevor wir den Rückweg nach Chorin antreten. Zurück geht es schnurstracks durchs Dorf. Im Sommer nutzen die Brodowiner ihren See für ein erfrischendes Bad. Ein kleiner Sandweg gegenüber des Sportplatzes führt zu der unbewachten Badestelle mit kleinem Steg. Das Ufer ist stark abschüssig, so dass Schwimmer schnell im tiefen Wasser sind. Nichtschwimmer genießen die Wiese vor dem Hügel und machen ein Picknick. Nach der Rast laufen wir zurück zum Sportplatz und halten uns links Richtung Ortsausgang. Wir gelangen zu der Wegkreuzung, an der wir uns für den Ausflug ins Öko-Dorf entschieden hatten und biegen nun rechts ein. Unser Weg zurück führt uns immer geradeaus. Über den „Königsweg" gelangen wir zurück nach Chorin. Am *Denglerstein* können wir entweder geradeaus in Richtung Kloster gehen oder rechts ab in nördliche Richtung zum Bahnhof zurück.

Wie kommt man nach Brodowin?
Bahn: RE Berlin – Stralsund, ab Chorin Bus

PKW: B 2 Eberswalde, Brodowin

Auskünfte:	Tourismusgemeinschaft Barnimer Land e. V. Bergerstraße 97 16225 Eberswalde Telefon 0 33 34/5 89 84-0 Telefax 0 33 34/5 89 84-20

Kloster Chorin

Auskünfte:	Klosterverwaltung Chorin 16230 Chorin Telefon 03 33 66/7 03 77 Telefax 03 33 66/7 03 78

Öffnungszeiten:	April bis Oktober täglich	9.00 – 18.00 Uhr
	November bis März täglich	9.00 – 16.00 Uhr
Eintritt:	Erwachsene	DM 5,00
	Kinder	DM 3,00
	Führungen kosten extra	DM 2,00

Ausstellung Haus Pehlitzwerder

Auskünfte:	16230 Brodowin Telefon 03 33 62/7 06 86	
Öffnungszeiten:	samstags, sonn- und feiertags	10.00 – 17.00 Uhr
Eintritt:	je nach Veranstaltung	

Ökobauernhof

Auskünfte:	Hofladen Ökodorf Brodowin 16230 Brodowinn-Weißensee Telefon 03 33 62/6 00 22
Führungen:	Hofführungen jeden Samstag in den Sommerferien. Anmeldung erbeten.

Kirche

Auskünfte:	Evangelisches Pfarramt Brodowin-Chorin Dorfstraße 11 16230 Brodowin Telefon und Telefax 03 33 62/7 08 08
Internet:	www.kulturfeste.de/feste/brod.html
e-mail:	a.lorenz.brodowin@t-online.de

Tipp:
In Brodowin wird jedes Jahr am ersten Septemberwochenende ein zünftiges Hoffest auf dem Öko-Bauernhof gefeiert.

Aug' in Aug' mit wilden Tieren 10

Der Zoo in Eberswalde ist ein Paradies für Mensch und Tier

Die meisten Brandenburger verbinden mit dem Ortsnamen Eberswalde zwei Dinge: einerseits den Zoo, andererseits „Eberswalder" – köstliche kleine Würstchen, die kalt oder heiß besonders Kindern gut schmecken. Vom Bahnhof aus laufen wir entlang der „Eisenbahnstraße" östlich in Richtung „Grabowstraße", in die wir rechts einbiegen. Wir biegen dann an der großen Kreuzung von der „Grabowstraße" in die „Rudolf-Breitscheid-Straße" rechts ein. Gründerzeitvillen säumen unseren Weg und wir kommen vorbei am *Werner-Forßmann-Krankenhaus*, dessen Namensvater Nobelpreisträger für Medizin ist. Schon sehen wir die Hinweisschilder auf den **Tierpark Eberswalde**.

Es scheint fast unwirklich. Ist es nun ein Zoo oder ein riesiger Spielplatz? Die gepflegten Gehege im Tierpark dienen der artgerechten Haltung ihrer Bewohner. Löwen, Tiger, Bären, Wölfe, Äffchen, Pinguine und Raubvögel. Die Liste der Tiere in dieser kleinen Arche Noah ist lang, insgesamt haben 120 Tierarten hier ein Zuhause. Zum Konzept gehört, dass Großtiere, wie Elefant, Giraffe und Nashorn ganz bewusst nicht gehalten werden. Primär geht es um Tierarten, denen der Zoo ein schönes Zuhause bieten kann. Klasse statt Masse heißt es hier. Den kleinen Besuchern fehlt es hier wahrlich nicht an Attraktionen. Kinder dürfen sogar auf Kamelen und Ponys durch den Zoo reiten. Und die zahlreichen Gelegenheiten für die Kinder, aktiv zu werden, sind nahezu vorbildlich. Vor allem aber einladend. Wie wäre es zum Beispiel mit einem Projekttag in der Märchenvilla? Überall finden wir anschauliche Tafeln, die uns helfen, die Tiere zu verstehen, Lebensräume zu erfassen. Am Wegesrand liegen Steine, in denen die Fußabdrücke einiger Tiere gemeißelt sind. Doch welcher Paarhufer ist hier verewigt? Die passenden Ratetafeln mit verdeckter Lösung helfen uns auf die richtige Spur.

Zu den Löwen können wir sogar bis in das Gehege vordringen. Durch den Fußgängertunnel gelangen wir in einen geräumigen Besucher-Glaskäfig mitten im Auslauf. Nicht wundern, wenn es hier unheimlich laut wird. Durch eine Lichtschranke lösen wir das Furcht erregende Brüllen vom König der Tiere aus. Gut geschützt können wir die Löwen beobachten, die tagsüber zumeist friedlich in der Sonne dösen. Bilder geschickter Fotografen erwecken den Eindruck, es gäbe die Glaswand nicht und Fotomodel und Raubtier stünden dicht beieinander. Auch Meister Petz und den Wölfen können wir uns bis auf die Stärke des Panzerglases nähern. Alles ist so angebracht, dass selbst die jüngsten Besucher freien Blick auf die Tiere ha-

Eine starke Löwin hautnah erleben

ben. Und damit die Perspektive gewechselt werden kann, gibt es an manchen der großzügig angelegten Gehegen Aussichtsplattformen.
Einige der Äffchen haben freien Auslauf und hangeln gelenkig an Seilen und Brücken über den Köpfen der Besucher von einem Baum zum nächsten. Kein Grund neidisch zu werden. In diesem Zoo gibt es Spielplätze für Kinder aller Altersklassen. Vom geschützten Schaukelpferdchen bis zum Abenteuerspielplatz mit Riesenrutsche für die größeren Kinder ist alles vorhanden. Außerdem laden Streichelzoo und Freiwildgehege ein, die warmen Felle der tierisch niedlichen Bewohner zu streicheln und mit ihnen zu schmusen. Wieder ergeben sich schöne Gelegenheiten für Momentaufnahmen mit der Kamera.

Die Schautafeln im Zoo sind einfach Klasse!

Im Anschluss an den Rundgang durch den Zoo machen wir einen Ausflug zum Forstbotanischen Garten. Der Weg dorthin ist leicht zu finden. Wer mit dem Rücken zum Eingang steht, geht rechts am Wolfsgehege vorbei. Jetzt treffen wir links auf den „Schwarzen Weg". Wir kommen auf die kleine Brücke über dem Flüsschen „Schwärze" und genießen den Blick. Vorbei am *Zainhammer Teich* mit der *Zainhammer Mühle* und wir folgen unserem Weg bis zum **Forstbotanischen Garten**.

Die Baum- und Strauchvielfalt gilt nicht nur bei Botanikern als Besonderheit. Ungefähr 1 100 verschiedene Gehölzarten und etwa 600 Kräuterpflanzen können hier bestaunt werden. Die Forstakademie gründete sich 1830 und legte diesen Garten als Lehreinrichtung an. Entlang der Promenade folgen wir dem *Gesteinslehrpfad* in Richtung Marktplatz.

Nach etwa 15 Minuten Wegstrecke gelangen wir auf der linken Straßenseite an die *Waldschule* Eberswalde. Hier können die Kinder noch mancherlei Wissenswertes über Wald und Flur erfahren, denn die Waldschule wurde von der Lehroberförsterei Finowtal extra zu diesem Zwecke eingerichtet.

Dann geht es weiter entlang der „Brunnenstraße" Richtung Marktplatz. Wir kommen vorbei an der *Alten Forstakademie*. Wenn die Kinder Lust auf noch mehr Bildung haben, dann lockt in den heiligen Hallen eine Dauerausstellung über Insekten. Bald sehen wir die *Maria-Magdalenen-Kirche* und kommen zum Marktplatz. Wie wäre es mit einem kleinen Suchspiel? Wer findet das schmucke weiße Fachwerkhaus mit dem roten Ziegeldach? Es ist

über 300 Jahre alt und in ihm haben das *Museum* und die *Tourist-Information* für Eberswalde ein würdiges Zuhause gefunden. Der Abstecher lohnt sich!
Im Anschluss gehen wir auf der „Breiten Straße" in Richtung Norden über die *Friedensbrücke* zum Finowkanal. Unglaublich, von welcher Bedeutung diese einst bedeutende Wasserstraße auch für diese Region war. Gebaut wurde die Wasserstraße 1605 bis 1620. 39,4 Kilometer ist sie lang und hat 11 Schleusen. Im 30-jährigen Krieg wurde der Kanal völlig zerstört und der „Alte Fritz", König Friedrich II., ließ den Kanal von 1743 bis 1746 mit 10 Schleusen neu errichten. Eine von ihnen ist sogar die älteste Schleuse Deutschlands. Es ist die **Eberswalder Stadtschleuse**, die zwischenzeitlich längst unter Denkmalschutz steht. Im Laufe der Jahre hat sie ihr Gesicht gewandelt und die Um- und Erweiterungsbauten haben ihre historischen Spuren hinterlassen. Wir laufen über den Treidelweg am Finowkanal bis zur *Kupferhammer Schleuse*. Dann geht es Richtung Osten (der Beschilderung folgen) zur „Heegemühler Straße", über die Bahnhofsbrücke zurück zum Bahnhof.

Wie kommt man nach Eberswalde?
Bahn: Stralsund – Angermünde – Berlin, RB 60, 63 bis Eberswalde Hauptbahnhof

PKW: BAB 11 Berlin – Prenzlau, B 167 nach Eberswalde

Wegstrecke: etwa 10 km

Auskünfte: Tourist-Information Eberswalde
und Museum in der Adler-Apotheke
Steinstraße 3
16225 Eberswalde
Telefon 0 33 34/6 45 20
Telefax 0 33 34/6 45 21

Internet: www.eberswalde.de

Eberswalder Zoo/Zooschule Märchenvilla

Auskünfte: Am Wasserfall
16255 Eberswalde
Telefon Eberswalder Zoo:
0 33 34/2 27 33
Telefon und Telefax Zooschule Märchenvilla:
0 33 34/2 28 09
Internet: www.zoo.eberswalde.de

e-mail:	zooschule@eberswalde.de	
Öffnungszeiten:	täglich bis zum Einbruch der Dunkelheit	ab 9.00 Uhr
Eintritt:	Erwachsene Kinder Familienkarte	DM 8,00 DM 5,00 DM 23,00
Einkehr:	Gaststätte „Brauner Bär" und Imbiss „Dschungelsnack" im Eberswalder Tierpark	

Tipps:
Die Strecke lässt sich gut an einem Tag ablaufen, aber es bleibt nur wenig Zeit, um an den einzelnen Sehenswürdigkeiten einen genauen Blick zu riskieren. Besonders der Zoo lädt unbedingt dazu ein, den ganzen Tag hier zu verweilen. Also: Tour splitten und mindestens zwei Mal kommen.

Der Zoo veranstaltet Geburtstagsparties für Kinder mit verschiedenen Angeboten. Details und Preise bitte erfragen unter Telefon 0 33 34/2 28 09.

Eberswalde ist im Jahr 2002 Ort der Landesgartenschau. Informationen unter Telefon 0 33 34/20 71 50, Internet: www.laga-eberswalde.de, e-mail: info@laga-eberswalde.de

11 Mit dem Schiff im Fahrstuhl

36 Höhenmeter werden im Schiffshebewerk Niederfinow überwunden

Der etwa vier Kilometer lange Fußmarsch vom Bahnhof Niederfinow zum Schiffshebewerk führt über die Klappbrücke durch den Ort und ist bestens ausgeschildert. Tag für Tag kommen Besucherströme, um zu erleben, einerseits im Schatten der 175 Meter langen Kanalbrücke gleichzeitig neben und unter den Wassermassen zu sein. Auf dem Weg dorthin, in der „Hebewerkstraße 81", können die Kinder alles über die Herstellung von Senf erfahren. Als Mitbringsel aus Niederfinow ist eine der abenteuerlichen Sorten von Zimmermanns Senf wirklich zu empfehlen.

Verkehrsgeschichte wurde am Oderberg geschrieben, als der 800-Tonnen-Aufzug des **Schiffshebewerks Niederfinow** ein Schiff die 36 Meter Höhengefälle im Fahrstuhl überwinden ließ. Bevor das Schiffshebewerk 1934 gebaut wurde, mussten die Binnenschiffer den wesentlich zeitaufwändigeren Weg über die Schleusenpassagen des Oder-Havel-Kanals überwinden.
Heute dauert der Vorgang im Hebewerk fünf Minuten und es gibt bedeutend größere Anlagen dieser Art. Aber wer vor dem Schiffshebewerk steht, ist bestimmt beeindruckt. Gemütlich tuckern die Schiffe in das Transportbecken, dann wird es wie eine Badewanne verschlossen. Lautes Knarren und der Lift setzt sich in Bewegung. Unvorstellbare Wassermassen und das Schiff fahren Fahrstuhl. Hunderttausende Besucher lassen sich Jahr für Jahr von dem imposanten Schauspiel begeistern. Darauf hat man sich vor Ort eingerichtet. Es gibt einen gebührenpflichtigen Parkplatz vor Ort. Die Imbissbuden mit Angeboten rund um Kaffee, Eis, Kuchen und Snacks erwarten hungrige Besucherscharen. Kinder begeistern sich sofort für ein Eis und den Münzprägeautomaten. Nachdem wir ein kleines Geldstück eingeworfen haben, das später den Aufdruck des Schiffshebewerks haben soll, folgt die größere Münze, mit der der Vorgang bezahlt wird. Heraus kommt ein kleiner Schatz, mit dem man in Kindergarten und Schule tatsächlich Eindruck schinden kann.

Aber eigentlich sollte man dort doch mit Wissen glänzen, oder? Also ab ins Museum. Der Ausflug hat kaum etwas mit trockener Theorie zu tun, sondern viel mit Wasser und Schifffahrt. Also gehen wir vor zur Anlegestelle der Ausflugsschiffe und buchen die Fahrt zum Oderberg. 200 Meter schräg gegenüber vom Anleger ist das **Binnenschifffahrts-Museum**. Hier erfahren wir mehr Geschichten von Schiffern, Flößern, Holzhändlern und Kahnbauern der Vergangenheit, die einst die Wasserstraße Oder prägten. Schnell haben die Kinder den Überblick: Da gibt es das Museumsgebäude mit 14 Ausstellungsräumen. Gegenüber gibt es die Freilichtausstellung und direkt an der alten Oder liegt das Museumsschiff mit einer Dauerausstellung im Hecksalon.
„Riesa", der Raddampfer, passte mit 56 Metern Länge nicht ins Museum. Heute ist die 1897 in Dresden erbaute Dame eine würdige Vertreterin maritimer Geschichten und ein kleines Highlight der Freilichtausstellung. Nachdem wir Bekanntschaft mit der alten Dame geschlossen haben, wissen wir auch, was eine oszillierende Dampfmaschine ist. Hoch- und Niederdruckzylinder treiben durch den Druck, den der Dampf erzeugt, die Maschine an. Für Technikfreaks ist die Maschine in Bewegung ein unbeschreiblich schöner Anblick. Natürlich lieben die Kinder es auch, wenn sich das Schaufelrad dreht. Das Museumsgelände ist seemännisch gestaltet, so dass Krähne, Boote, Motoren, echte Schiffe und Schiffsmodelle einen

würdigen Ausstellungsrahmen finden. Berufe so nah am Element Wasser wirken romantisch und abenteuerlich. Wie hart die Arbeit ohne moderne Technik, die Muskeln und Knochen schont, war, lässt sich für uns „Landratten" nur erahnen.

Vom Galgenberg mit seinem 1879 gebauten Turm, in Bad Freienwalde haben wir einen weiten Blick auf den *Oderbruch*. Mit der Bahn sind wir binnen zehn Minuten ab Niederfinow in **Bad Freienwalde**. Aus dem Bahnhof kommend, laufen wir die „Bahnhofstraße" entlang Richtung Stadtkern. Wir gehen über die *Landgrabenbrücke*, schwenken links in die „Wasserstraße" ein und rechter Hand sehen wir schon den *Abenteuerspielplatz*.

Vom Spielplatz aus gelangen wir über den Durchgangsweg zum Tornower Parkplatz und gehen dann rechts den Berg hoch Richtung Zentrum. Wir überqueren die „Hauptstraße" und kommen zur „Gesundbrunnenstraße". Nun ist es nicht mehr weit bis zur „Melcherstraße", die uns bis zum *Galgenberg* führt. Dort sind gut 140 Stufen zu erklimmen, aber im Anschluss werden wir mit dem versprochenen Ausblick vom 26 Meter hohen Turm belohnt. Wenn das Wetter mitspielt, dann können wir sogar bis zum Schiffshebewerk Niederfinow blicken.

Wie kommt man nach Niederfinow?
Bahn: RE 7, Berlin – Niederfinow – Bad Freienwalde

PKW: Berlin-Hohenschönhausen, Blumenberg an der B 158, Richtung Bad Freienwalde, Kreuzung Platzfelde links, dann Richtung Niederfinow

Auskünfte: Tourist-Information der Kur- und
Fremdenverkehrsgesellschaft
Bad Freienwalde mbH
Karl-Marx-Straße 25
16259 Bad Freienwalde
Telefon 0 33 44/1 50 89-0
Telefax 0 33 44/1 50 89-20

Personenschifffahrt GbR

Auskünfte: Hartmut Müller
Freienwalder Straße 14
16248 Oderberg
Telefon und Telefax 0 33 69/4 61
Telefon 03 33 69/7 52 69
Mobil 01 73/2 02 87 38

Internet:	www.schiffshebewerk.de

Binnenschifffahrts-Museum Oderberg

Auskünfte:	Hermann-Seidel-Straße 44 16248 Oderberg Telefon 03 33 69/4 70	
Öffnungszeiten:	April bis Oktober	
	dienstags bis freitags	10.00 – 17.00 Uhr
	samstags und sonntags	13.00 – 17.00 Uhr
	November, Februar und März	
	dienstags bis freitags	9.00 – 16.00 Uhr
	sonntags	13.00 – 16.00 Uhr
	Gruppen bitte anmelden	
Eintritt:	Erwachsene	DM 4,00
	Ermäßigte	DM 3,00
	Kinder	DM 2,00
	Familienkarte (ab 2 Kinder)	DM 10,00

Aussichtsturm auf dem Galgenberg

Auskünfte:	16259 Bad Freienwalde Telefon 0 33 44/33 23 70	
Öffnungszeiten:	1. April bis 31. Oktober samstags, sonn- und feiertags	11.00 – 17.00 Uhr
Eintritt:	Erwachsene	DM 2,00
	Kinder	DM 1,00

Tipp:
Wer Brandenburg ohne PKW erkundet, fährt mit der Bahn nach Eberswalde und dann mit dem Dampfer weiter. Die Fahrgastschifffahrt, Birkenweg 18, 16225 Eberswalde, bietet ab Anlegestelle Eberswalde, Stadtbollwerk auch Rundfahrten durch das Schiffshebewerk Niederfinow an: Telefon 0 33 34/2 44 05 (anmelden). Die Fahrten dauern gut ein bis knapp zwei Stunden bis die Gäste wieder an der Anlegestelle sind.

12 „Flieger, grüß mir die Sonne,..."

Der Fehrbelliner Flugplatz

Am Nordrand der Grundmoräneninsel zwischen dem Havelländischen und dem Rhinluch liegt das so genannte Ländchen „Bellin". Bezeugt ist der Ort Fehrbellin erstmalig 1216 unter einem askanischen Burgward. Die Burg schützte den Übergang des Flusses Rhin. Eine Fähre transportierte Mensch und Vieh von einem Ufer zum anderen. Die „Fähre Bellin" ist es also, die dem Ort seinen Namen gab. Seit 1616 ist die Fähre durch Brücke und Dammstraße ersetzt. Im 30-jährigen Krieg war der Übergang immer wieder umkämpft, aber die wohl berühmteste Schlacht der Gegend fand etwa sieben Kilometer südöstlich beim Dörfchen *Hakenberg* statt. Friedrich Wilhelm von Brandenburg gewann hier 1675 die Schwedenschlacht und wurde seitdem Großer Kurfürst genannt. Um den Blick über den schönen Landstrich schweifen zu lassen, müssen wir zwar nicht in die Luft gehen, aber es würde sich lohnen!

Mit Kind und Kegel tummeln sich allerlei Luftsportbegeisterte auf dem privaten Gelände des **Flugplatzes Fehrbellin** herum. Der Flugplatz liegt an der Autobahnabfahrt Ferbellin, gleich hinter dem Industriegebiet und ist mit öffentlichen Verkehrsmitteln nur sehr schlecht zu erreichen. Dennoch: Es ist ein beliebtes Ausflugsziel, denn hier gibt es allerhand zu beobachten. Tische und Bänke stehen auf umzäuntem Gelände am Rande des eigentlichen Schauplatzes. Es gibt eine Schaukel für die Kleinen und wer mag, könnte sogar einmal um den Flugplatz herum wandern. Von hier starten Heißluftballons, kleine Motorflugzeuge und eine Sportmaschine, aus der in etwa 4 000 Metern Höhe die Fallschirmspringer aussteigen, um sicher auf dem Flugplatz zu landen.

Die Mädchen und Jungs vor Ort sind wie gebannt vom Geschehen auf dem Flugplatz – direkt vor unseren Augen werden die Tandemfallschirmspringer von ihrem Master, einem erfahrenen Sprunglehrer, eingewiesen. Doch bevor es soweit ist, werden noch einige Parameter abgefragt. So will der Fallschirmpilot nicht nur wissen, ob sein Fluggast gesund ist, sondern vor allem auch, ob er „unter Druck steht" – sprich: eine Wette verloren hat oder den Flug als Geschenk nicht ablehnen kann. Für Helena lautet die Antwort auf jede dieser Fragen klar „Nein". Denn die 15-jährige hat lange ihr Taschengeld gespart, zwar hätten die Eltern noch einen kleinen Teil beigesteuert, aber eigentlich sei es vor allem der Inhalt vom Sparschwein. Die Mindestgröße von 1,40 Meter hat sie längst überschritten, wiegt keinesfalls mehr als 95 Kilogramm und ist älter als 14 Jahre und gesund. So klettert sie mutig in den blaufarbenen

54

Spannend auch für Zuschauer: der erste Sprung mit dem Fallschirm

Springeroverall und lässt sich das Gurtzeug anlegen. Die Haken der Schuhe werden mit Tesa verklebt, damit sich die etwa 50 Leinen in der Luft nicht verfangen und das Tandem-Paar in Gefahr bringen.

Dann folgen die ersten Trockenübungen. Der Tandempilot setzt sich hinter das Mädchen und erklärt ihr, wie sich die beiden im Flugzeug und bei der Landung verhalten werden. Die Ruhe, die von ihrem Master ausgeht, scheint sich 1 : 1 auf seinen jungen Fahrgast zu übertragen. Ohne Zögern unterschreiben die Eltern nach der Einweisung ihre Einverständniserklärung für den Sprung ihres minderjährigen Kindes.

12

Etwa 15 Minuten nachdem die leistungsstarke Cessna Caravan mit ihren 18 Passagieren gestartet ist, werden ihre Tochter und der Tandempilot innerhalb von sieben bis acht Minuten an dem roten Gleitschirm sicher zurück auf den Boden schweben. Zeit für einen Kaffee. Plötzlich werden die Wartenden unruhiger. Am Himmel sind die ersten Flugpaare zu erkennen. Die Gleitschirme sind geöffnet und die Tandems ziehen ihre Kreise. Nach der Landung strahlt Helena: „Ich durfte sogar lenken – es war ein tolles Gefühl!"

Nicht weniger aufregend, wenngleich ruhiger, ist die Fahrt mit einem Heißluftballon. 1783 erfanden die Gebrüder Montgolfier in Frankreich den Heißluftballon. Mit Schafwolle und Stroh heizten sie die Luft in der Papierhülle und ahnten nicht, wie weit ihre Erfindung eines Tages perfektioniert werden würde. Heute fahren moderne Sportballons mit propangasbetriebenen Brennern über dem Weidenkorb durch die Lüfte. Im Winter tagsüber, im Sommer kurz nach Sonnenaufgang bzw. zwei bis drei Stunden nach Sonnenuntergang – wegen der Luftströmungsverhältnisse. Bis zu fünf Personen können im großen Korb mitfahren. Außer dem Piloten werden je nach Bedarf zwei bis drei Crewmitglieder eingesetzt, die den Ballon zunächst aufrüsten und nach dem Flug wieder verstauen. Nach der Landung werden alle Beteiligten an den Startort zurückgebracht.

Eine weitere Möglichkeit der Umgebungserkundung wäre ein Ausflug mit einer der kleinen Sportflugzeuge. Geduldig erklärt die erfahrene Pilotin wie die Maschine funktioniert. „Manchmal kommen Jugendliche an Bord, die daheim am Flugsimulator schon geflogen sind und die Geräte wieder erkennen", sagt sie. Manchmal, wenn es zu verantworten sei, dann dürfen die jungen Passagiere auch mal das Ruder in die Hand nehmen und „selber fliegen". Aber es hinge deutlich von der jeweiligen Situation ab, schränkt die Pilotin ein. Denn schließlich gäbe es meilenweite Unterschiede von der Theorie und Praxis am heimischen Rechner zur Realität in der Luft. Doch wenn die jugendlichen Passagiere nach einem Flug aussteigen, dann gibt es für viele nur noch einen Berufswunsch.

Wie kommt man nach Ferbellin?
Bahn: nicht empfehlenswert

PKW: BAB 24, Abfahrt Fehrbellin, Flugplatz

Auskünfte: Take Off Fallschirmsport
Fehrbellin e. V.
Flugplatzstraße 3
16833 Fehrbellin
Telefon 03 39 32/7 22 38

Internet:	www.funjump.de
e-mail:	info@funjump.de
Auskünfte:	Air Service Berlin CFH GmbH Flughafen Berlin-Tempelhof 12101 Berlin Telefon 0 30/69 51 37 30 Telefax 0 30/69 51 37 31
Internet:	www.air-service-berlin.de
e-mail:	info@air-service.berlin.de
Öffnungszeiten:	bei Flugbetrieb
Eintritt:	frei, aktuelle Preislisten für Fallschirmsprünge und Flüge beim Veranstalter erfragen

Tipp:
Wer die bunten Fallschirmspringer beobachten will, kommt zur Sprungsaison von Anfang März bis Ende Oktober.

Kartenempfehlung:
1 : 100 000 Berlin und Umgebung, Allianz Freizeitkarte

13 Wenn die Hussiten toben

Stadttour durch das mittelalterliche Bernau

Im 15. Jahrhundert, als die hussitische Bewegung in der letzten Phase der Hussitenkriege war, verbreiteten sie Angst und Schrecken. Dabei war es eigentlich ein reformatorischer Gedanke, den ihr Vordenker „Jan Hus", dem die UNESCO Jahr für Jahr am 6. Juli weltweit einen Gedenktag einräumt, verbreitet wissen wollte. Johannes des Hussiyecz und die Hussiten wollten für eine Gesellschaft nach Gottes Geboten fechten. In einer Zeit, in der noch keiner an ein vereintes Europa dachte, kämpften sie für ihr Bild von einer idealen Gesellschaft in einer Welt, in der zwei Mächte regierten: Papst und Kaiser. Die Sage will, dass die Hussiten auf ihrem Feldzug nach dem Westen nur vor Bernau geschlagen wurden. Wie dem auch sei … Die Bernauer konnten 1432 die Gefahr, die von den Hussiten ausging, von ihrem Ort abwenden und so feiert Bernau heute jedes Jahr am zweiten Juni-Wochenende das Hussitenfest. Weit und breit sind heute keine Krieger aus Böhmen mehr gefürchtet, sondern deren friedliche Nachfahren z. B. aus der Hussitenstadt Tábor längst herzlich willkommen. Kinder und Erwachsene lieben gleichermaßen die Aufführungen mit den aufwändigen Kostümen und Requisiten auf dem Festplatz, den großen Umzug und die vielen kleinen und großen Programmhighlights rund um die Festtage.

Machen wir also einen kleinen Spaziergang durch **Bernau**. Unsere Tour beginnt am Bahnhof. Der Weg ist ausgeschildert und Autofahrer finden in der Nähe sicher einen Parkplatz. Wir biegen links in die „Bahnhofstraße" ein und sehen schon auf der rechten Seite die katholische *Herz-Jesu-Kirche*. Es ist eine einschiffige Hallenkirche, die 1908 im Stil norddeutscher Backsteingotik erbaut wurde. Der junge Priester Ulitzka verwirklichte hier seinen Traum, denn nachdem er Einzug in die Stadt Bernau gehalten hatte, war sein erster Gedanke, hier eine Kirche zu bauen. Dann galt es, die zweifelnden Bernauer zu überzeugen. Aber der junge Mann war unbeirrbar und machte sich ans Werk. Bald wurde ein Kirchengrundstück erworben und am Dreifaltigkeitssonntag im Jahre 1907 erfolgte die Grundsteinlegung – nur ein Jahr später wurde die Kirche eingeweiht.

Nach wenigen Schritten kommen wir zum **Külzpark**. Jeweils am letzten Sonntag im April, Mai, August und September findet hier ein Kunst- und Handwerkermarkt statt. Schon seit der Stadtgründung sind es die fleißigen Handwerker, die für den Wohlstand in Bernau sorgen. Im 14. Jahrhundert entwickelte sich zusätzlich zum Stand der Wollweber und Tuchmacher das Geschäft der Bierbrauer. Hierzu gibt es eine kleine Sage über einen Bernauer Schusterjungen, der in Berlin in die Lehre kam. Von seinem Meister beauftragt, sollte er eine Kanne Bier aus dem „Bernauer Stadtkeller" holen. Gemeint war eine Berliner Gaststätte, die nur das Bernauer Bier verkaufen durfte. Denn Bernau hatte die Lehnshoheit über den Bierverkauf. Der Junge aber machte sich auf in seine Heimatstadt Bernau. Als er endlich die große Kanne Bier in den Händen hielt, schämte er sich, weil er sich so sehr verspätet hatte. So vergrub er die Kanne und lief fort. Er verdiente bald sein Geld als Rittmeister und kam etwa 20 Jahre später, als Mann von Amt und Würden, wieder in die Gegend von Bernau. Also ging er an die Stelle, wo er einst das Bier vergraben hatte und grub es aus. Er kostete es und brachte es zu seinem alten Lehrmeister. Der staunte nicht schlecht, als ein prächtig gekleideter Rittmeister, in dem er seinen ehemaligen Lehrling erkannte, eine Kanne Bier brachte. Aber noch mehr soll ihn der Geschmack des vorzüglichen Bieres erstaunt haben.

Das Bernauer Steintor ist ein beliebter Treffpunkt

13

Wir biegen links ein. Vor uns sehen wir ein imposantes Backsteingebäude. Es ist das letzte erhalten gebliebene Tor der Bernauer Stadtmauer, das **Steintor**. Vor etwa 650 Jahren wurde die Stadtmauer von den Bernauer Bürgern zu ihrem eigenen Schutze errichtet. Die Mauer war 1 496 Meter lang, hatte 42 Lughäuser zur Verteidigung und war 8 Meter hoch. 3 Stadttore und 2 Rundtürme waren eingelassen und ein dreifaches Wall- und Grabensystem vervollständigte die Befestigungsanlage. Genaue Daten über den Bau der gesamten Anlage gibt es nicht. Die Historiker sind sich jedoch sicher, dass die Mauer noch nicht fertig gestellt war, als die Hussiten Bernau erobern wollten. So wurde aus der Dankprozession, dass die Hussiten Bernau nicht eingenommen haben, ein Fest. Ganz bewusst kommen sie zu dem ältesten traditionellen Fest ihrer Stadt – eben auch mit den Umzügen zu dem historischen Stadttor. Im Sommer dient die Fläche den Bernauer Jugendlichen als gediegene Skaterbahn und Treffpunkt – ganz in der Nähe vom *„Jugendzentrum am Steintor"* in der „Berliner Straße 1".

1882 wurde im ersten Stockwerk des Stadttors eine Rüstkammer eingerichtet, die am 15. Mai 1882 zum 450-jährigen Hussitenfest eröffnet wurde. Seitdem ist es ein **Heimatmuseum**. Hier erfahren Sie Wissenswertes über die Stadt und ihre spannende Geschichte. Mit dem Tor ist der **Hungerturm** verbunden. Wer also mag, kraxelt die Treppen hoch und schaut von oben hinab in die Tiefe. Kaum zu glauben, welche Strafen man sich damals für die Vergehen der Mitbürger ausdachte.

Wir lassen das Tor hinter uns und biegen links in die „Berliner Straße" ein. Hier kommen wir zur Gaststätte „Schwarzer Adler". Das Haus beherbergt noch heute zwei Gaststuben mit historischem Netzgewölbe aus der Zeit, als das Haus noch Bethaus der Katlandsgilde war. Die im 14. Jahrhundert an vielen Orten ins Leben gerufene Gilde bestand aus Geistlichen und Laien. Sie sollte Notleidende unterstützen und war auch ins Leben gerufen worden, um Sterbenden geistreichen Trost zu spenden. Reiche und wohlhabende Bürger spendeten und vermachten ihr Gut an die Gilde, die es so zu großem Wohlstand brachte. Sie veranstaltete große Festmahle, die wohl ausarteten und ihnen deshalb den Ruf der „Fressbrüder" einbrachten. Nachdem Martin Luther 1517 seine Thesen an die Tür der Kirche zu Wittenberg anschlug und die Reformationsbewegung letztlich friedlich aus dem einstigen Bistum Brandenburg ihren Siegeszug durch viele Länder Europas antrat, verlor auch diese Gilde ihren Einfluss. Viele Kirchengemeinden gingen über zum evangelischen Glauben.

Die Gaststätte im Rücken sehen wir vor uns die „Bürgermeisterstraße". Wir überqueren die „Berliner Straße", so dass wir gleich auf der rechten Seite der „Bürgermeisterstraße" entlanglaufen können. Wir kommen vorbei am „Haus des Gastes". Hier hat das Fremdenverkehrsamt seinen Sitz. Stadtinformation und Kartenvorverkauf für die zahlreichen Kulturveranstaltungen in Bernau finden hier gleichermaßen Platz. Wer mag, schaut auch in der „Galerie Bernau" vorbei – hier gibt es zahlreiche Veranstaltungen, unter anderem auch speziell für Kinder und ihre Familien. Wir kehren der Galerie den Rücken und gehen rechts entlang der „Bürgermeisterstraße". Längst haben die Kinder die nächste Kirche entdeckt. Es ist wohl eine der schönsten und größten Kirchen der Mark Brandenburg. Sie ist erbaut im gotischen Stil und sogar König Friedrich Wilhelm IV. soll bei seiner Besichtigung neidvoll geäußert haben: „Ich wünschte wohl, diesen großartigen Bau in meiner Residenz zu haben." Eine Besichtigung lohnt sich in jedem Fall. Bevor wir weitergehen, stärken wir uns bei köstlichen Eierkuchen in der Gaststätte „Museumsklause" in der „Brauerstraße". Hier sind Familien herzlich willkommen und sogar der Familienhund darf mit rein. Wenn wir mit dem Rücken zur Gaststätte stehen, laufen wir ein kleines Stück die „Berliner Straße" vor und gehen rechts zurück in die „Bürgermeisterstraße". Auf der linken Seite ist das *Laubenganghaus*, welches wir passieren, um über die „Neue Straße" zum ältesten erhaltenen Wohnhaus zu gelangen. Es ist das *Kantorhaus* von 1582/83. Wir gehen daran links vorbei in Richtung der Stadtmauer, die hier noch ihre ursprüngliche Höhe von acht Metern hat, zum **Pulverturm**, den die Kinder längst entdeckt haben. Wir nutzen die Gelegenheit am Pulverturm, in den Stadtpark zu gehen. Ein bisschen Fangen spielen und umhertollen macht Spaß und ist eine willkommene Abwechslung beim Stadtspaziergang, außerdem gibt es einen schönen Spielplatz. Dann kehren wir zurück, biegen links ein, denn wir wollen innerhalb der Stadtmauer gehen. Die Straße heißt „Am Henkerhaus" und führt uns geradewegs zu jenem Häuschen, das 250 Jahre alt ist und von allen Bernauern, vor allem im Mittelalter, gemieden wurde. Inzwischen ist das Henkerhaus ein schmuckes *Heimatmuseum*. Kaum zu fassen, dass einst Menschen über Leben und Tod anderer richten konnten, aber die Ausstellung zeigt das Handwerkszeug der alten Scharfrichterei. Vom Henkerhaus aus sehen wir die „Mühlenstraße", wo einst das Mühlentor stand. Links raus könnten wir dem alten Promenadenweg zum *Liepnitzsee* folgen. Es ist inzwischen ein Radweg in die wald- und seenreiche Umgebung. Wir durchqueren ein imaginäres Stadttor und bleiben an der Stadtmauer, um entlang der grünen Wallanlagen zu laufen. Über 20 verschiedene Baumarten zieren unseren Weg. Vorbei am Schwanen- und Elysiumsteich gelangen wir zum Steintor und zurück zum Bahnhof. Vielleicht ist ja noch Zeit, einen Abstecher mit dem PKW zum *Artistenmuseum* in Klosterfelde (13 km) zu machen.

Wie kommt man nach Bernau?
Bahn: Berlin – Bernau S4, RE 1

PKW: B 2 Richtung Eberswalde, BAB 10/11, Abfahrt Bernau-Süd oder -Nord, dann Richtung Zentrum

Auskünfte: Stadt Bernau bei Berlin
Fremdenverkehrsamt Bernau
Bürgermeisterstraße 4
16321 Bernau bei Berlin
Telefon 0 33 38/76 19 19
Telefax 0 33 38/76 19 70

Internet: www.bernau-bei-berlin.de

e-mail: fremdenverkehrsamt@bernau-bei-berlin.de

Museum Steintor mit Hungerturm

Auskünfte: Berliner Straße
16321 Bernau
Telefon 0 33 38/29 24

Galerie Bernau

Auskünfte: Bürgermeisterstraße 4
16321 Bernau
Telefon 0 33 38/80 68

Museum Henkerhaus

Auskünfte: Am Henkerhaus
16321 Bernau
Telefon 0 33 38/22 45

Sternwarte Bernau

Auskünfte: Fliederstraße 27b (Ecke Enzianstraße)
16321 Bernau
Telefon 0 33 38/21 02

Artistenmuseum

Auskünfte:	Liebenwalder Straße 2
	16348 Klosterfelde
	Telefon und Telefax 03 33 96/2 72
Einkehr:	Gaststätte „Museumsklause"
	Berliner Straße 22
	16321 Bernau
	Telefon 0 33 38/23 74
	Gaststätte „Schwarzer Adler"
	Berliner Straße 33
	16321 Bernau
	Telefon 0 33 38/70 02 57

Tipp:
Am zweiten Juni-Wochenende feiern die Bernauer drei Tage mit den Hussitenfestspielen (fast) wie im Mittelalter. Diese Märchenwelt wird alljährlich so hervorragend inszeniert, dass sie nicht nur für Kinder zu den Highlights der Brandenburger Festivitäten gehört.

14 Ein Spaziergang vom Birnbaum zum Kinderbauernhof

Fontane machte die Familie und das Dorf Ribbeck weltweit bekannt

Acht Kilometer nördlich von Nauen liegt der Stammsitz derer von Ribbeck seit 1237. Heute ist der verträumte kleine Ort für Familien ein beliebtes Ausflugsziel. Warum? Theodor Fontane goss die Geschichte von Ribbeck, dem Dorf, und Ribbeck, der Familie 1889 in wunderschöne Zeilen.

> Herr von Ribbeck auf Ribbeck im Havelland,
> Ein Birnbaum in seinem Garten stand,
> Und kam die goldene Herbstzeit
> Und die Birnen leuchteten weit und breit,
> Da stopfte, wenn's Mittag vom Turme scholl,
> Der von Ribbeck sich beide Taschen voll.
> Und kam in Pantinen ein Junge daher,
> So rief er: „Junge, wiste'ne Beer?"
> Und kam ein Mädel, so rief er: „Lütt Dirn
> Kumm man röver, ick hebb 'ne Birn."
>
> So ging es viele Jahre, bis lobesam
> Der vom Ribbeck auf Ribbeck zu sterben kam.
> Er fühlte sein Ende's war Herbsteszeit,
> Wieder lachten die Birnen weit und breit;
> Da sagte von Ribbeck: „Ich scheide nun ab.
> Legt mir eine Birne mit ins Grab."
> Und drei Tage drauf, aus dem Doppeldachhaus
> Trugen von Ribbeck sie hinaus,
> Alle Bauern und Bundner mit Feiergesicht
> Sangen „Jesus meine Zuversicht",
> Und die Kinder klagten, das Herze schwer:
> „He is dod nu. Wer giwt uns nu'n Beer?"
>
> So klagten die Kinder. Das war nicht recht –
> Ach, sie kannten den alten Ribbeck schlecht;
> Der neue freilich, der knausert und spart,
> Hält Park und Birnbaum strenge verwahrt.
> Aber der alte, vorahnend schon
> Und voll Mißtrauen gegen den eigenen Sohn,
> Der wußte genau, was er damals tat,
> Als um eine Birn' ins Grab er bat,
> Und im dritten Jahr aus dem stillen Haus
> Ein Birnbaumsprößling sproß heraus.
> Und die Jahre gehen wohl auf und ab,

Längst wölbt sich ein Birnbaum über dem Grab,
Und in der goldenen Herbstzeit
Leuchtet's wieder weit und breit.
Und kommt ein Jung' übern Kirchhof her,
So flüstert's im Baume: „Wiste 'ne Beer?"
Und kommt ein Mädel, so flüstert's „Lütt Dirn,
Kumm man röver, ick gew' di'ne Birn."
So spendet Segen noch immer die Hand
Des von Ribbeck auf Ribbeck im Havelland.

Theodor Fontane

Siehe da, überall im Dorf verweisen uns Schilder zum Zentrum: Rechts neben der Dorfkirche steht auch heute tatsächlich ein Birnbaum. Er ist zwar nicht mehr identisch mit dem, den Fontane beschrieb. Der erste barst 1911 bei einem Sturm. Doch was Fontane mit den berühmt gewordenen „Wanderungen durch die Mark Brandenburg" in den Jahren 1862 bis 1882 beschrieb, hat heute kaum an Gültigkeit verloren. Seine Reisefeuilletons, so charakterisierte er die Werke, machten ihn zu einer der goldenen Federn des 19. Jahrhunderts. Dabei war er nicht nur Journalist, Dichter und Schriftsteller, sondern auch Kunstkritiker und Apotheker – ein Generalist eben. Geboren wurde er 1819 in Neuruppin und 1898 nach einem schaffensreichen Leben auf dem Friedhof der französischen Gemeinde in Berlin beerdigt. Weil Berlin sich erst 1920 aus der Provinz Brandenburg ausgliederte und als „Groß-Berlin" selbständig wurde, kann man sagen, der Dichter wurde im Herzen von Brandenburg beerdigt.

Nachdem wir die Kirche und die Grabstätte derer von Ribbeck besichtigt haben, verlassen wir den Kirchhof wieder und gehen rechts runter zur Straße. Hier im Dorf leben und arbeiten die Nachfahren des besungenen Ribbecks, der hier von 1689 bis 1759 lebte. Sein Urenkel hat hier im Dorf eine Praxis und arbeitet als Heilpraktiker und bei dessen Vater können wir einen Birnbaum als dauerhaftes Souvenir kaufen...

Wir wenden uns vom Portal der Kirche ab und gehen links. Noch einmal links ab geht es auf eine breite Straße, die mit einer Rechtskurve zum Ortsausgang zum Marienhof führt. Es sind knapp zwei Kilometer, die wir über den breiten Sandweg immer geradeaus laufen. Größere Gruppen können sich einen Pony-Kremser vorbestellen.

Mitten im havelländischen Luch scheint die Zeit fast still zu stehen. Nach der ersten großen Rechtskurve sehen wir den Kinderbauernhof. Noch zehn Minuten und wir sind da. Vom lauten „IA, IA" des grauen Esels und dem Meckern der Ziegen werden wir begrüßt. Fast ständig wuseln Kinder geschäftig auf dem Hof und beantworten uns bereitwillig fast alle Fragen.

Denn wer hier Urlaub macht, darf sich um sein eigenes Pflegetier kümmern und kennt sich bald aus. Füttern, ausmisten und ganz wichtig: kuscheln.

Hier sollen Kinder ruhig mit anfassen

Auf dem **Marienhof** kommen auch Tagesgäste voll auf ihre Kosten. Am Wochenende gibt es ab 15 Uhr frisches Brot aus dem Lehmbackofen. Einmal im Monat Sonderveranstaltungen. Und selbstverständlich gibt es das ganze Jahr über viel zu sehen und zu bestaunen. Vor allem im Frühjahr, wenn die Muttertiere geworfen haben und die verspielten Jungtiere mit ihnen die ersten Sonnenstrahlen auf dem Hof genießen. Dann ist es Zeit für das Osterfest mit Osterfeuer.

Jeden Monat folgt ein weiteres großes Fest. Country-Fest und Kindertag, Irish-Folk-Nacht und Kartoffelfest, der Mittelalterliche Bauernfraß im September, das Kartoffelfest im Oktober. Auf dem Schlachtfest im November können die Kinder zusehen, wie Hühner gerupft werden und selbst gemachte Wurst verkosten. Ja, es soll Eltern geben, die ihre Kinder vor so eindeutigen Begegnungen mit der Lebensmittelproduktion fern halten. Doch die Erfahrung der Landwirte zeigt, dass die Kinder das Schlachtfest durchaus als Höhepunkt des Jahres begreifen können, weil sie schlichtweg gerne das Fleisch von gesunden Tieren essen. Und schließlich ist allen klar: Diese Schweine, Ziegen, Schafe, Kühe, Hühner und Kaninchen hatten ein sehr glückliches und erfülltes Leben. Die Tiere werden nicht vor den Augen der Kinder geschlachtet, sondern ordnungsgemäß im

Schlachthof des Nachbardorfes. Wenn dann zum Schlachtfest das Backschwein aus der Bratröhre duftet, läuft Groß und Klein das Wasser im Munde zusammen. Zur Weihnachtsstunde (Termin vorab erfragen) im Dezember, wenn die Tiere im kuschlig warmen Stall stehen, gibt es Bratäpfel, Basteleien und würzig duftenden Glühwein. Dichterlesungen runden das Programm ab, bezaubern das Publikum mit vorweihnachtlicher Stimmung.

In der Landwerkstatt auf dem Hof lernen die Kinder das Töpfern, Weben und Körbe flechten. Besonders großer Beliebtheit erfreuen sich die Familienbasteltage zur Oster-, Herbst- und Weihnachtszeit. Gleich, ob Tagesgast oder Urlauber, irgendwann ist es dann Zeit für den Heimweg.

Im Winter ist der Weg zurück ins Dorf besonders idyllisch. Wir wandern vom Hof rechts raus und lassen den Parkplatz neben uns und gehen den Feldweg immer geradeaus. Nach dem Feld biegen wir links in den Weg ein und am Ende des Weges treffen wir wieder auf die Straße zum Marienhof. Wir biegen rechts ein und laufen schnurstracks nach Ribbeck.

Wie kommt man nach Ribbeck?
Bahn: Nauen, Bus nach Ribbeck

PKW: B 273/B 5 Berlin – Nauen – Friesack, in Ribbeck der Beschilderung folgen

Auskünfte: Tourismus Verband Havelland e. V.
Goethestraße 59/60
14641 Nauen
Telefon 0 33 21/4 03-0

Kirche in Ribbeck

Öffnungszeiten: April bis Oktober
täglich 10.00 – 17.00 Uhr

Kinderbauernhof Marienhof e. V.

Auskünfte: Am Marienhof 1
14641 Ribbeck
Telefon 03 32 37/8 88 91
Telefax 03 32 37/8 88 93
Internet: www.stadtbekannt.de/marienhof

e-mail: marienhof@stadtbekannt.de

Öffnungszeiten:	montags bis freitags	10.00 – 18.00 Uhr
	samstags und sonntags	12.00 – 18.00 Uhr
	oder nach telefonischer Vereinbarung	
Eintritt:	Erwachsene	DM 2,00
	Kinder	DM 1,00
Einkehr:	Imbiss auf dem Hof (Verzehr von mitgebrachten Speisen unerwünscht)	

Tipps:
Zur Herbstzeit, wenn die Blätter von den Bäumen gefallen sind, dann können Sie einen echten Ribbeckschen Birnbaum bei Friedrich-Karl von Ribbeck, einem „echten" Nachfahren, in der Schulstraße 9 (gegenüber dem Schloss), 14641 Ribbeck, kaufen (Telefon 03 32 37/8 89 01).
Auf dem Marienhof kann in einer einfachen Holzhütte zur Freude der Kinder auf Strohsäcken übernachtet werden. Familien mit größeren Kindern können hier Island-Ponys für Ausritte vorbestellen und auf dem Rücken der Pferde eine Tour durchs Havelland machen – auf Wunsch mit Übernachtungen.

Der Lohn für die Mühe: eine Fahrt mit dem Ponywagen

14

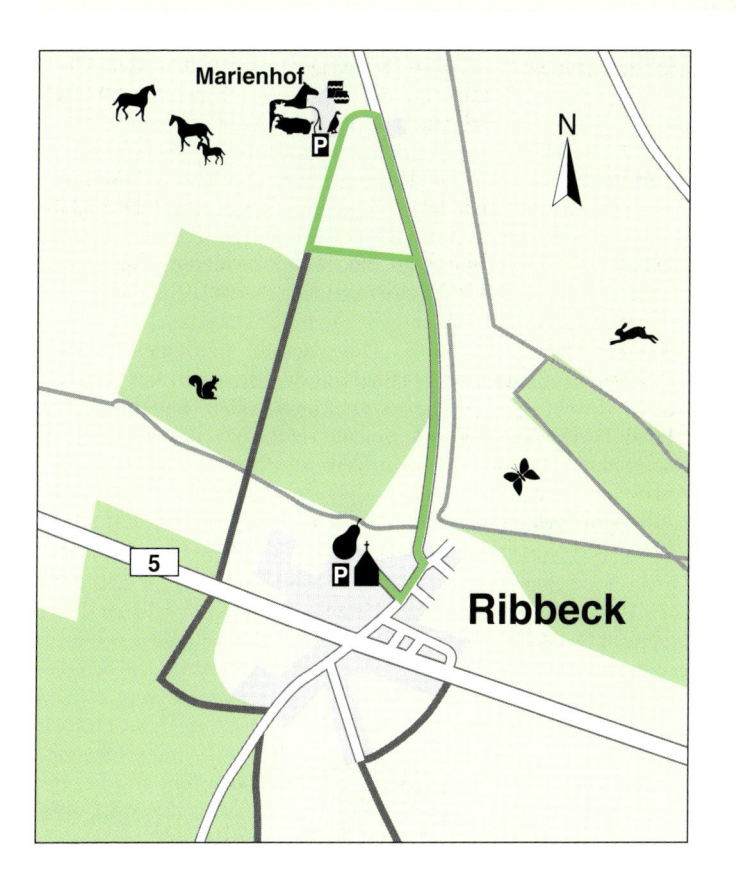

Marienhof

Ribbeck

5

15 Spiel und Spaß im Museum

Im Frey-Haus in die Spielzeugausstellung

Brandenburg – die Stadt im Land. So bezeichnet sich heute die einstige Chur- und Hauptstadt der Mark Brandenburg. Brandenburg an der Havel hat eine bewegte Vergangenheit. Von König Otto I., der auf der Reichsversammlung zu Magdeburg das Bistum Brandenburg stiftete, über König Heinrich I., der den auf einer Insel gelegenen Fürstensitz der Heveller erobern ließ, bis hin zu Albrecht dem Bären. Nachdem unter seiner Herrschaft die deutsche Besiedlung seit 1157 erfolgte, entwickelten sich an den Ufern der Havel zwei der bedeutendsten Städte der Mark. Die Altstadt und die Neustadt Brandenburg. Berlin und Spandau entstanden später und erhielten ihr Stadtrecht von Brandenburg/Havel. Die mittelalterlichen Stadtkerne wurden einst je von einer Stadtmauer und ursprünglich fünf Stadttortürmen umschlossen. Vier von ihnen sind erhalten. Wir machen uns also auf die Spur und laufen entlang des ausgeschilderten Stadtwanderweges.

Direkt am Bahnhof steigen wir in die Straßenbahn und lassen uns zur Haltestation „Am Neustättischen Markt" bringen. Die Hauptstraße ist Fußgängerzone und in ihrer Nähe finden sich auch gebührenpflichtige Parkplätze. Unser Weg führt uns durch eben diese Fußgängerzone über die *Jahrtausendbrücke*. Dann kommen wir in die „Ritterstraße". Unter uns plätschert die niedere Havel und wir beobachten das Geschehen auf dem Wasser. In Richtung Johannis-Kirche blickend, befindet sich vor der nächsten Brücke ein Wasserwanderrastplatz. Just vor den Toren der Stadt liegt die Untere Havel. Sie verzweigt sich in reizvolle Kanäle und Flüsse und ist ein Eldorado für Wassersportler.

Über die Brücke gelangen wir also in die „Ritterstraße". Hinter der Hausnummer 96 verbirgt sich ein kleines Paradies. Wir erobern eines der wohl kinderfreundlichsten Museen in Brandenburg. Es ist das **Museum im Frey-Haus** mit einer speziellen Abteilung für Spielzeug. Gezeigt wird vor allem Spielzeug aus Blech, Lineol und Plaste ehemaliger Brandenburger Spielzeugfirmen, das schon die Großeltern begeisterte. Vielfach sind es Sammlerstücke von nicht zu unterschätzendem Wert. Die Erwachsenen staunen und die Sprösslinge dürfen die Ausstellungsstücke nicht nur in gläsernen Vitrinen bewundern. In der großen Spielzeugtruhe, die Museumsmitarbeiter auf Nachfrage öffnen, finden die Besucher spannende Sachen. Nicht Gameboy und Co., sondern der Kletteraffe „Tom", der laut schnarrend seine Leine hochklettert, ist die Attraktion. Im Hinterzimmer leuchten nicht nur Papa's Augen: Vor uns steht eine große Modelleisenbahn. Surrend gleitet sie über die Schienen. Schnell sind die Kinder am Trafo, wol-

15

len das Geschehen lenken. Die Luxus-Ausführung der Modellbahn der Nürnberger Spielwarenfabrik Ernst-Paul-Lehmann lässt Herzen einfach höher schlagen. Bis 1945 war die 1881 in Brandenburg/Havel gegründete Firma auch hier ansässig. Spezialität des Hauses: Produktion von Blechspielzeug, in dessen Schatten sich etliche weitere Firmen gründeten. Um die Jahrhundertwende standen etwa 1 000 Menschen in der märkischen Spielwarenindustrie in Lohn und Brot.

Das Museum im Rücken gehen wir links vor bis zur „Plauer Straße" und laufen links hinter dem *Plauer Turm* in die „Wallpromenade". Sie bringt uns an den *Rathenower Torturm*, an dem wir wiederum rechts vorbei in den „Walther-Rathenow-Platz" einbiegen. Um auf den Grillendamm zu gelangen, halten wir uns links und überqueren als erstes die *Hohenmainbrücke*. Am Ende der Straße biegen wir rechts in die „Domlinden" und kommen zum *Dom* und *Dom-Museum*. Wiederum den Dom im Rücken lassend, gehen wir geradeaus auf den Mühlendamm, bald schon sehen die Kinder den *Mühlentorturm* an dem wir links vorbei gehen, um wieder Richtung Markt zu unserem Ausgangspunkt zu gelangen. Nur ein paar Schritte weiter kommen wir über die „Sankt-Annen-Straße", geradezu durch die „Steinstraße" zum Steintorturm in dem sich ein *Museum* mit interessanter Ausstellung zum Mittelalter befindet. Den *Steintorturm* kann man bis zum Wehrgang mit Zinnenkranz besteigen, um von dort oben einen herrlichen Blick über die Stadt Brandenburg zu genießen. Noch ein bisserl ins Grüne? Dann gehen wir über die „Sankt-Annen-Promenade", die den Steintorturm mit der „Sankt-Annen-Straße" verbindet. Bevor wir den nächsten Wasserrastplatz entdecken, gehen wir an der Sankt-Pauli-Kirche links bis zur „Abtstraße" rechts und kommen über die „Sankt-Annen-Straße" links zum Marktplatz.

Die Straßenbahn bringt uns zurück zum Bahnhof. Wer nach diesem Spaziergang im Winter durchgefroren ist, kann sich wunderbar in der Sauna des *Marienbades* wieder aufwärmen. Denn auch in dieser Stadt gibt es ein kinderfreundliches Freizeitbad mit allem was das Herz begehrt: Gegenstromkanal, Breitwasserrutsche, Kleinkindbecken, 80-Meter-Rutsche und unterschiedliche Schwimmbecken.

Wie kommt man nach Brandenburg/Havel?
Bahn: Straßenbahn bis Nicolaiplatz (geradeaus in die Plauer Straße, nächste Straße rechts ist die Ritterstraße) oder Neustädtischer Markt

PKW: BAB 2 Berlin – Hannover

15

Auskünfte:	Brandenburg-Information Hauptstraße 51 14776 Brandenburg/Havel Telefon 0 33 81/1 94 33 Telefax 0 33 81/22 37 43
Internet:	www.stadt-brandenburg.de

Museum im Frey-Haus

Auskünfte:	Ritterstraße 96 14770 Brandenburg/Havel Telefon 0 33 81/52 20 48	
Internet:	www.stadt-brandenburg.de (Stichwort: „Museum im Frey-Haus")	
Öffnungszeiten:	dienstags bis freitags samstags und sonntags	9.00 – 17.00 Uhr 10.00 – 17.00 Uhr
Eintritt:	Erwachsene	DM 4,00
	Kinder (6 bis 14 J.) und Ermäßigte	DM 2,00
	Familienpass (bis 5 Personen)	DM 8,00
	jeden 1. Sonntag im Monat	frei

Museum im Steintorturm

Auskünfte:	Steinstraße 14770 Brandenburg/Havel Telefon 0 33 81/20 02 65	
Öffnungszeiten:	dienstags bis freitags samstags und sonntags	9.00 – 17.00 Uhr 10.00 – 17.00 Uhr
Eintritt:	Erwachsene	DM 4,00
	Kinder (6 bis 14 J.) und Ermäßigte	DM 2,00
	Familienpass (bis 5 Personen)	DM 8,00
	jeden 1. Sonntag im Monat	frei

15

Marienbad

Auskünfte: Sprengelstraße 1
14770 Brandenburg/Havel
Telefon 0 33 81/32 27 89

Internet: www.marienbad-brandenburg.de

Öffnungszeiten und Eintritt:
Wegen der vielfältigen Kombinationsmöglichkeiten bitte erfragen.

Tipp:
Die Brandenburger Modellbahnfreunde e. V. stellen jedes Jahr im November ihre kleinen faszinierenden Eisenbahnerwelten auf den Brandenburger Modellbahntagen aus. Prospekt per Post anfordern: Brandenburger Modellbahnfreunde e. V., Dreifertstraße 45, 14770 Brandenburg.

16 Wie sehen Chinesen wirklich aus – oder was der Künstler nicht wissen konnte

Zu berühmten Schlössern, Gärten und Museen in Potsdam

Zu jeder Märchenprinzessin gehört ein Prinz und zu dem dann wieder ein Schloss und ein sorgenfreies Leben. Das weiß jedes Kind. Und irgendwie sind wir uns alle einig: Ein Märchenschloss muss prunkvoll und riesengroß sein. Ein scheinbar unendlicher Park mit vielen anderen Bauten gehört auch dazu, damit Macht und Reichtum Ausdruck finden. Das dachte sich auch Friedrich der Große und ließ von den Architekten Büring, Manger, Contrad und Le Geay in den Jahren 1763 bis 1769 zusätzlich zu seinem Schloss Sanssouci (1745 bis 1747) ein wunderschönes Palais bauen. Denn er wählte, wie viele seiner Vorgänger, Potsdam als zweite Residenz. Allein die Hofküche des Schlosses Sanssouci ist auf jeden Fall einen Besuch wert. Da können kleine Köche groß ins Staunen geraten. Denn in der Küche von 1842 gab es weder Fertiggerichte noch Mikrowelle. Viel Personal war nötig, um bei Hofe zu kochen. Ein einfaches Beispiel kennen wir von zu Hause: Heute schlägt man die Sahne für den Kuchen in null Komma nichts mit dem Handmixer. Damals war es irgendeiner der fleißigen Küchenjungs, die für solche Dienste hinzugezogen wurden. Wie viele Minuten braucht man wohl, um mit einem Schneebesen eine Portion Sahne zu schlagen?

Kaum zu glauben, dass jemand, dem schon ein so großes, schönes Schloss wie **Sanssouci** (franz.: ohne Sorgen) gehört, noch eines haben möchte. Aber Friedrich II., also „Friedrich der Große" wollte es so. Und es entstand unweit des Schlosses das größte Bauwerk im Park: das **Neue Palais** – ein Prunkbau. Über 200 Räume hat er dort für sich und seine Gefolgsleute geschaffen. Wer im Neuen Palais die Räume von Friedrich II. sehen möchte, darf sich auf eine lange Warteschlange gefasst machen. Für die Besichtigung im Rahmen von Sonderführungen werden um 12.00 Uhr und um 14.00 Uhr nur je 20 Karten verkauft. Warum? Ausstattung und Bilder sollen so aus konservatorischen Gründen besonders geschützt werden. Aber keine Bange, wer auf die Filzpantoffeltouren verzichtet, bekommt trotzdem genug zu sehen. Der **Park Sanssouci** ist schön angelegt und es gibt in diesem Gesamtkunstwerk wirklich viel zu entdecken. Zum Beispiel den *Prinzenspielplatz* unterhalb vom *Drachenhaus* aus Richtung Antikentempel/Neues Palais oder die Liegewiese an der *historischen Mühle*. Besichtigungstouren im Park Sanssouci lohnen sich allemal, bei nahezu jeder Wetterlage. Bloß nicht versuchen, alles an einem Tag abzuwandern, denn Kinderseelen erlahmen schnell bei einem Galopp durch die Geschichte. Wer den Sonnenschein abpasst, kann guten Gewissens die Eintrittsgelder für das nächste Mal (wenn's regnet) sparen und dann gezielt in das eine oder andere Bauwerk hineinschauen.

Im Park von Sanssouci steuern wir zunächst mal auf das schmucke rosafarbene Palais mit seinem meeresfarbenen Kupferdach zu. Die ausreichende Beschilderung verhilft uns zum rechten Weg. An der Kasse gibt es kostenloses Informationsmaterial, das ganz sicher Lust auf die vielen Ausstellungen machen kann, z. B. im Jahresprogramm der „Stiftung Preußische Schlösser und Gärten" finden wir ergänzend aktuelle Informationen. Wer mag, lässt sich durchs Palais führen. Auf der Rückseite des imposanten Schlossbaus gehen wir vorbei an den Springbrunnen und gelangen auf einen breiten Sandweg mit dem wegweisenden Namen „Hauptallee".

Szene am Chinesischen Haus

Unser Ziel ist das **Chinesische Haus** (Titelfoto). Schon bald leuchtet uns rechts vom Weg die bläuliche Tambourkuppel, auf der ein goldener Mandarin sitzt, entgegen. 1754 bis 1757 wurde das Chinesische Haus von Büring erbaut. Ein verschlungener Weg führt uns näher. Erst wenn wir näher an dem auch als Sommerspeisesaal genutzten Häuschen sind, können wir die vergoldeten Palmensäulen und Sandsteinfiguren erkennen. Zu Füßen der Palmen bilden sie ein musizierendes Orchester. Ist das, was wir sehen, wirklich chinesisch? Die goldenen Figuren sind eine Herausforderung an die Beobachtungsgabe seiner Betrachter. Kinder, die schon mal in einem chinesischen Restaurant waren und dort Bilder und Wandmalereien gesehen haben, erkennen Unterschiede. Und überhaupt: Welche Instrumente spielt man eigentlich in China? Wie kleidet man sich dort? Wie tragen die Erwachsenen ihre Haare? Noch eine Spur hilft uns: Was war in Europa Mode, als das Chinesische Haus erbaut wurde? Kinder können in diesem Zusammenhang den Fortschritt der modernen Kommunikationstechnik überdenken. Denn welche Möglichkeiten hatte der Künstler, sich über das fremde Land, die Menschen und Sitten zu informieren? Was wissen wir über die damaligen Handelsbeziehungen zwischen Europa und Ostasien? Gab es damals wohl schon Reiseberichte?

Heute zählt dieses Chinesische Haus immer noch als wichtiges Beispiel europäischer „Chinoiserie" (Chinamode). Drinnen sehen wir kostbares Porzellan aus Meißen und Ostasien. Wir stellen uns vor, wie man aus dem erlesenen Geschirr früher speiste und kostbaren Tee trank.

Die Beschilderung: „Betreten der Rasenfläche verboten" warnt Eltern und Kinder zugleich vor einer willkürlichen Abkürzung im Park abseits der Wege. Zum Rasten gibt es die zahlreichen Parkbänke, damit seltene Pflanzen geschont und nicht von Picknickdecken plattgedrückt werden. Schließlich ist Sanssouci **Weltkulturerbe** der UNESCO und um den nachfolgenden Generationen das Erbe zu erhalten, sind wir in der Pflicht, es zu bewahren – einsehbar.

Emsige Wanderer kehren den vergoldeten Palmensäulen und den Tee trinkenden Chinesen den Rücken, gehen schräg links zu den *Römischen Bädern* und dem benachbarten *Schloss Charlottenhof.* Vom Schloss Charlottenhof laufen wir über die „Lindenavenue" zum Neuen Palais und zurück zum Ausgangspunkt. Direkt am Eingang finden wir einen Kiosk. Da gibt es für kleine und große Leckermäuler ein Eis. Da dieser Spaziergang doch irgendwie märchenhaft war, können wir getrost absprechen, ob die Kräfte für einen Ausflug ins Filmmuseum noch reichen. Das **Filmmuseum** hat seinen Platz im ehemaligen Pferdestall des Soldatenkönigs Friedrich Wilhelm I. Heute entführt uns hier der kleine Muck in die Geschichten von 1 001 Nacht und mit Gojko Mitić wandeln wir auf den Pfaden der Indianer. Ausgestellt sind Drehbücher, Fotos und viel Filmtechnik aus den Babelsberger Filmstudios. Highlight des Jahres ist im September das *Brandenburger Kinderfilmfest* im museumseigenen Kino.

76

Wie kommt man nach Potsdam?
Bahn: Strecke Berlin-Spandau bis Bahnhof Park Sanssouci, ab hier eine Station mit dem Bus 695 bis Neues Palais

PKW: BAB 115, Abfahrt Potsdam; gebührenpflichtige Parkplätze rund um das Gelände. Für den Spaziertipp sei der Parkplatz „Am Neuen Palais" empfohlen. Hier hält auch der Bus des Öffentlichen Nahverkehrs und die Bimmelbahn, die an der *Alten Mühle* ihre Rundfahrt startet.

Chinesisches Haus

Auskünfte:	Stiftung Preußische Schlösser und Gärten Am Neuen Garten 6 14469 Potsdam Telefon 03 31/96 94-0
Öffnungszeiten:	15. Mai bis 15. Oktober täglich 10.00 – 17.00 Uhr montags Ruhetag
Eintritt:	ohne Führung Erwachsene DM 2,00 Kinder DM 2,00

Neues Palais von Sanssouci

Auskünfte:	Telefon 03 31/96 94-2 55
Öffnungszeiten:	1. April bis 31. Oktober täglich 9.00 – 17.00 Uhr 1. November bis 31. März täglich 9.00 – 16.00 Uhr freitags Ruhetag
Eintritt:	je nach Führung DM 2,00 bis DM 8,00

Römische Bäder

Auskünfte:	Telefon 03 31/96 94-2 24
Öffnungszeiten:	15. Mai bis 15. Oktober täglich 10.00 – 17.00 Uhr montags Ruhetag

Eintritt:	ohne Führung	
	Erwachsene	DM 3,00
	Kinder	DM 2,00

Schloss Charlottenburg

Auskünfte:	Telefon 03 31/96 94-2 28	
Öffnungszeiten:	15. Mai bis 15. Oktober	
	täglich	10.00 – 17.00 Uhr
Eintritt:	mit Führung	
	Erwachsene	DM 6,00
	Kinder	DM 3,00

Filmmuseum Potsdam

Auskünfte: Filmmuseum Potsdam
Marstall
14467 Potsdam
Telefon 03 31/2 71 81-12
Telefax 03 31/2 71 81-26

Eintritt: Verschiedene Kombinationsmöglichkeiten und Ausstellungen; bitte vorab erfragen.

Tipps:
Der Kinder- und Jugendklub Sanssouci e. V. bietet Möglichkeiten in Kursen, bei Führungen, Exkursionen, in Theater-Workshops oder beim Besuch der Restaurierungswerkstätten Schloss- und Parkanlagen der Stiftung besser kennen zu lernen. Kontakt: Stiftung Preußische Schlösser und Gärten in Berlin-Brandenburg, Abteilung Museumspädagogik, Petra Wesch, Postfach 60 14 62, 14414 Potsdam. Telefon 03 31/96 94-1 97.

Auf dem Flugplatz Saarmund direkt an der Autobahn können Segelflugbegeisterte durch die Lüfte schweben.
Informationen bei Reinhart Welz, Fluglehrer und Vereinsvorsitzender Natur- und Luftsportverein Berlin e. V., Telefon 0 30/7 74 49 63 oder 0 30/3 61 03 24. Mindestgebühr DM 30,00 pro Start als Passagier.

„Sandmann, lieber Sandmann..." 17

In der Filmstadt Potsdam-Babelsberg sehen, hören, staunen

Jedes Kind kennt die Melodie vom Sandmann, die Größeren summen dann lieber die der Serie „Gute Zeiten – schlechte Zeiten", noch Größere vom „Klinikum Berlin-Mitte". Filmmusiken begeistern sowieso. Aber wo werden die Serien und Filme, die uns Ohrwürmer und schöne Erinnerung machen, gedreht? In Hollywood, klar, oder in der Brandenburger Landeshauptstadt: **Potsdam-Babelsberg** ist ein traditionsreicher und hochmoderner Standort für Filmproduktionen. „Die unendliche Geschichte II", „Schloß Einstein", „Sonnenallee" und andere Filme sind hier entstanden. Grund genug gleich nebenan eine Filmstadt für Film- und Fernsehfans zu errichten. Angefangen hat die Filmgeschichte auf diesem Gelände, als 1911 die Filmgesellschaft „Bioskop" eine ehemalige Lagerhalle einer Kunstblumenfabrik in ein Atelier umwandelte. Tolle Stummfilme wurden gedreht und die vielen Film-Geschichten nahmen ihren Lauf...

In Janosch's Traumland mit dem Boot unterwegs

Einmal sollte jeder Brandenburg-Besucher im Filmpark gewesen sein. Auch wenn die Eintrittspreise so manchen Gast leider zunächst abschrecken. Es lohnt sich alleine schon für die leuchtenden Kinderaugen. Gleich in der Nähe des Eingangs, in *Panama*, liegt hinter dem dunklen Bretterzaun das Land der schwarzgelben Tigerente. Gute fünf Minuten dauert die Bootstour durch Janosch's Traumland. Gemütlich schaukeln wir durch den Kanal. Vorbei an seinem Häuschen und dem angelnden Bären. Am Ufer gibt es die Spielscheune, über uns sind die Hängebrücken mit Zuschauern und weiter hinten erkennen wir unser nächstes Ziel: Wasserspiele und ein Kinderrestaurant mit dem klangvollen Namen „Köhler Jeromir". Die älteren Kinder werden zwischenzeitlich sicher zum Vulkan drängen, um die Stuntshow zu sehen, deren Inhalt deutlich an die „Mad Max"-Filme erinnert. Mit vielen Effekten, Feuer- und Wasserfontänen wird hier eine kleine Geschichte erzählt, die das Talent der Stuntmen und -women voll einbezieht. Nach rüden Prügeleien und aufregenden Verfolgungsjagden siegt natürlich das Gute.

Wem die 30-minütige Stuntshow zu laut ist, dem sei die *Filmtierschule* am Ende der „Westernstraße" empfohlen. Hunde, Raubkatzen, Ponys, Hühner und die Kuh erwecken den Eindruck, jedes Tier sei ein Schauspieler der Extraklasse. Locker wird die Show moderiert und wir lernen, dass ein Huhn nur den Weg in den Backofen findet, weil köstliche Maden dahin ausgelegt wurden. Und siehe da: Es ist doch tatsächlich auch noch das berühmte Huhn aus der Werbung – wir kennen es also bereits aus dem Fernsehen. Was für eine Show, wenn sich ein Freiwilliger aus dem Publikum für einen Werbespot mit der Kuh größte Mühe beim Melken gibt. Die Lacher sind vorprogrammiert und wir staunen, wie mühelos sich der Border Collie zu allerlei Tricks überreden lässt. Diese gelehrigen Hunde kennen wir schon aus dem Film „Ein Schweinchen namens Babe", aber dass sie 70 Kommandos, mehr als doppelt so viel wie andere Rassen, lernen können, ist uns neu.

Besonders Jugendliche lieben auch das U-Boot „Boomer". Ein russischer Kommandant begrüßt seine Gäste zur letzten Fahrt. Wassereinbrüche, Notsignale, Licht- und Nebelreflexe gehören zu den Effekten, die bereits 1996 beim Originalset der internationalen Produktion „Hostile Waters" genutzt wurden. Apropros Effekte: Im *Actionkino* rasen die Zuschauer auf hydraulisch und bildsynchron gesteuerten Sitzen durch Raum und Zeit. Dann gibt es noch die „Welt des Horrors", die größte Außenkulisse des Filmparks.

Im „*Gläsernen Studio*" der Sandmannausstellung können wir die kleine riesengroße Puppenwelt erleben. Über 40 Jahre sagt der kleine Sandmann Kindern mit dem Abendgruß mehr oder minder erfolgreich, dass es nunmehr Zeit ist, in die Federn zu verschwinden. Hier können die kleinen Gäste eine Geschichte nach der anderen sehen und hören – ganz ohne müde zu werden, hier entdecken sie eine neue Perspektive der Sandmanngeschichten. Puppenwerkstatt, Originalmodelle und Fahrzeuge sehen hier im Gegensatz zu den Bildern im Fernsehen ja so winzig aus. Ausnahmen bestätigen die Regel: „Mutti, schnell! Mach mal ein Foto – ich sitze in der Sandmannschaukel!" – junge Besucher lassen sich kaum vom Sandmann weg locken.

Dabei gibt es im Filmparkfundus nebenan Kostüme und Requisiten zum Anfassen und Verstehen. Die Führung durch den Fundus dauert knapp eine halbe Stunde. Wir lernen den Unterschied vom Equipment früherer Zeiten und den modernen Geräten kennen. Es lohnt sich ganz besonders für GZSZ-Fans, denn es ist unter anderem ein Original-Set ausgestellt. Sogar an der Kommandobrücke von „Star Command" kommen wir vorbei.

Mit dem Sandmann auf Du und Du

17

Ein weiteres „Muss" ist die Studio-Tour. Per Shuttle werden wir durch das größte und älteste Major-Film-Studio Europas gefahren. Marlene Dietrich, Heinz Rühmann und andere Größen des Show-Geschäfts starteten hier unter den Signets von UFA, DEFA und Studio Babelsberg ihre Karrieren. Auf unserer Fahrt kommen wir zu historischen Bauten und aktuellen Produktionsstätten. Vielleicht treffen wir sogar echte Schauspieler, lassen uns in der Maske schminken oder haben auf einem der bunten Filmparkfeste viel Freude – in dieser Stadt ist (fast) alles möglich.

Wie kommt man nach Potsdam-Babelsberg?
Bahn: RB 11 bis Potsdam-Drewitz, Bus 601, 603, 696 bis Ahornstraße oder aus Berlin S7 bis Bahnhof Babelsberg, dann Bus 690/692 bis Ahornstraße

PKW: A 115 Berliner Ring, Abfahrt Potsdam-Babelsberg, weiter Richtung Zentrum (Nuthe-Schnellstraße) bis Abfahrt Wetzlarer Straße (Filmpark ausgeschildert); 1 000 Parkplätze am Eingang (PKW DM 3,00/Busse frei)

Auskünfte: Potsdam Information
Friedrich-Ebert-Straße 5
14467 Potsdam
Telefon 03 31/2 75 58-0
Telefax 03 31/2 75 58-99

Internet: www.potsdam.de

e-mail: information@potsdam.de

Filmpark

Auskünfte: Babelsberg Studiotour GmbH
Postfach 90 03 34
14439 Potsdam
Telefon 0 18 05/34 56 72 (DM 0,24/Min.)
Besuchereingang: Großbeerenstraße

Internet: www.filmpark.de

e-mail: info@filmpark.de

Öffnungszeiten:	März bis November	
	täglich	10.00 – 18.00 Uhr
	Einlass	10.00 – 15.30 Uhr
	Juli und August	
	täglich	10.00 – 20.00 Uhr
Eintritt:	Erwachsene	DM 29,00
	Ermäßigte	DM 26,00
	max. vier Kinder in Begleitung eines voll zahlenden Erwachsenen	
	pro Kind	DM 16,00

Tipp:
Familien mit PKW, die den Tag in der Früh mit der Filmstadt beginnen, können gut im Anschluss nach Ribbeck (siehe Kapitel 14) fahren. Wer sich rechtzeitig auf dem Kinderbauernhof angemeldet hat, schläft hier gut gebettet auf Strohsäcken und kann dort den Tag zünftig am Lagerfeuer – ganz ohne Fernseher – beschließen.

18 Mit dem Kinderwagen als Surfbrett um den See

Auf dem Uferwanderweg am Straussee

Es war der via vetus oder auch der Heerstraße genannte Handelsweg der von Köpenick nach Wriezen führte und bei Strausberg den Barnimpass überquerte. Zwischen den Land nehmenden Mächten, den wettinischen Markgrafen von Meißen und den askanischen Markgrafen von Brandenburg war der Pass lange hart umkämpft. Eine Burg auf der Anhöhe am See und die Kaufmannssiedlung mit der Nikolaikirche um den heutigen Lindenplatz gab es schon unter den Wettinern. Doch zur Stadtgründung kam es allerdings erst unter den Askaniern 1240. Unter ihrer Herrschaft entstand das Parallelstraßensystem mit dem Kirchplatz und dem Marktplatz in der Mitte der brandenburgischen Stadt.

Direkt am S-Bahnhof **Strausberg** fährt eine Straßenbahn ab. Sie bringt uns durch die Siedlungen und Wäldchen bis zur Haltestelle „Lustgarten" und wir erreichen bequem die Altstadt. Nachdem Strausberg eine Stadt wurde, war es eine Tuchmacherstadt, eine Garnisonsstadt und zu DDR-Zeiten war es Sitz eines Ministeriums. Und so wundert es uns auch kaum, dass wir noch heute hinter dichten Hecken schmucke Villen finden. Als das nahe gelegene Zementwerk Rüdersdorf noch Staub in die Luft pustete, waren die Rasenflächen oft mit einer feinen weißen Schicht bedeckt. Nur nach einem schönen Regenguss kamen die Farben der Natur voll zur Geltung. Das nahe gelegene Rüdersdorf ist mit seinem *Museumspark für Baustoffindustrie* ein lohnenswertes Ziel für einen Abstecher mit dem PKW.

Mit seinen etwa 26 000 Einwohnern blickt Strausberg auf seine etwa 750 Jahre lange Geschichte zurück. Die Städteplaner haben hier nach Wendezeiten ein wachsames Auge für die ursprünglichen Schönheiten des Städtchens gehabt und konnten ihre Reize bewahren. Die etwas umständlichere Anfahrtsvariante mit den öffentlichen Verkehrsmitteln lohnt sich, um möglichst viel von dem Städtchen in Ruhe aus der Straßenbahn anschauen zu können. Mit der Straßenbahn könnten wir allerdings direkt bis Strausberg-Stadt fahren. Für PKWs gibt es an beiden Bahnhöfen ein P+R-Angebot.

Die Stadt wurde auf einem Hügel über dem **Straussee** errichtet, der zum umwandern einlädt. Unser Etappen-Ziel ist der Uferwanderweg an der Anlegestelle. Hierzu laufen wir ein kleines Stückchen durch den Stadtkern Richtung Badeanstalt. Unbedingt einen Abstecher machen! Theoretisch könnten wir die gesamte Strecke von zehn Kilometern rund um den Straussee wandern. Für jüngere Kinder und Eltern, die einen Kinderwagen schieben, sind die 4,2 Kilometer auf dem Weg von Anlegestelle zu Anlegestelle gut zu bewältigen. Die kleine Fähre, ein technisches Denkmal, weil sie europaweit die einzige mit Oberleitung ist, wird uns zum anderen Ufer bringen. Die Strecke zurück laufen wir gemütlich, selbst wenn sich zwischendurch ein kleiner Surfbrettfahrer auf dem Kinderwagen erholt.

Der Weg um den Straussee lässt sich mit der Fähre abkürzen

Vom Fähranleger aus erkennen wir alte Teile der einstigen Stadtmauer. Was die wohl schon so alles erlebt hat? Wer auf die Fähre wartet, spielt hier „Ich sehe was, was du nicht siehst". Einer gibt die Farbe eines Gegenstandes vor und die anderen raten, um was es sich handeln mag. Wer es errät, darf sich selbst ein neues Rätsel-Ding aussuchen. Wie wäre es mit dem Springbrunnen rechts im See? An der Anlegestelle warten wir auf die Fähre und starten mit ihr zum anderen Ufer. Entlang der Oberleitung, die über dem See hängt, werden wir gemütlich zum gegenüberliegenden Ufer gefahren. Auf unserem Spaziergang links um den See herum folgen wir dem behindertenfreundlichen, knapp zwei Meter breiten Wanderweg, zurück zu unserem Start-Anleger. Der Weg ist gerade an Wochenenden recht belebt, weil Fußgänger und Rollstuhlfahrer den Weg seit seiner Freigabe 1997 gerne angenommen haben.

Entlang des Sees kommen wir an idyllischen Buchten vorbei, an deren Ufer wir schöne Plätze für ein Picknick entdecken. Auch die kleinen Badestellen wirken besonders im Sommer einladend. Allerdings sind diese nicht bewacht. Trotzdem finden kleine Wanderer es besonders lustig, die warmen Füße im klaren Wasser abzukühlen. Außerdem kann man am Ufer klasse mit Baggermatsch spielen. Kunstvolle Burgen können die Kinder eher im Sand der Badeanstalt bauen. Der Spielplatz an der nächsten Raststätte ist auch nicht zu verachten und lädt zum Toben ein. Nach einer dementsprechenden „Pause" gehen wir weiter Richtung Stadtzentrum. In Strausberg laufen wir hinter der Bebauung an der Straße parallel zum Ufer entlang.

Mit wissensdurstigen, größeren Kindern, die sich für Stadtgeschichten interessieren, würde sich auch ein Abstecher ins **Heimatmuseum** lohnen. Eine 400 Jahre alte Schatztruhe bietet Gelegenheit zum Tüfteln. Da gibt es einen Schlüssel, ein Schloss und eigentlich sollte die Truhe dann ihr Geheimnis preisgeben. Aber nichts da. Erst den Trick herausfinden! Dann gibt es zur Belohnung feine Goldtaler.

Doch die einstige Tuch- und Schuhmacherstadt mit ihren einst windschiefen Häuschen hat noch viel mehr zu bieten. Bergauf (vom Anlieger aus gesehen) machen wir uns noch auf den Weg zur **Marienkirche** aus dem Mittelalter. Die dreischiffige, so genannte Pfeilerbasilika aus Felssteinen war einst der Mittelpunkt der Stadt. Beim Pfarrer nebenan bekommen wir den Schlüssel für die Kirche und können uns in Ruhe den Schnitzaltar ansehen. Es ist fast unvorstellbar, wie viel Arbeit in diesem Kunstwerk steckt.

Noch eine kleine Fahrt mit der S-Bahn nach Strausberg-Nord (links aus dem Bahnhof raus) und gut zehn Minuten Pirsch sind wir auf einem Kinderbauernhof zu Gast. Gleich hinter dem Strausberger

Finanzamt ist auf dem **Kinderbauernhof „Roter Hof"** ein Dorf aus echten Tipis aufgebaut. Wer schon im Vorwege Lust bekommt, in einem dieser kegelförmigen Indianerzelte zu nächtigen, sollte sich rechtzeitig anmelden. Denn der Kinderbauernhof mit Tiergehege, Naturkundekabinett und Lehrpfad erfreut sich zwischenzeitlich großer Beliebtheit. In der bäuerlichen Erlebnisstube werden unterschiedliche Veranstaltungen angeboten. Und wir können lernen (rechtzeitig anmelden), wie zu Großmutters Zeiten gewaschen wurde, wie aus frischer Milch Butter wird und wie man von Hand einen Besen bindet.

Wer mag, läuft vom Kinderbauernhof den holprigen Weg zurück zur Hauptstraße, überquert diese und geht weiter Richtung Industriegebiet. Auf der linken Seite biegen wir ein in die „Flughafenstraße" und gelangen vorbei an der Gaststätte „Doppeldecker" zum **Flughafen-Museum**, das nur bei Vorbestellung geöffnet wird. Der Eintritt ist frei und Helmut Bukowski führt als einer der Initiatoren für das Museum seine Besucher fachkundig in die Welt über den Wolken ein.

Wie kommt man nach Strausberg?
Bahn: RE Kietz-Güstrin, bis Strausberg-Stadt

PKW: BAB 10, östlicher Berliner Ring, Abfahrt Marzahn oder Abfahrt Hellersdorf, B 1/B 5, P+R am S-Bahnhof Strausberg-Stadt und Strausberg-Nord (Strausbad/Kinderbauernhof/Flughafen)

Auskünfte:	Stadt- und Tourist-Information Strausberg August-Bebel-Straße 1 15344 Strausberg Telefon 0 33 41/31 10 66 Telefax 0 33 41/31 46 35
Internet:	www.stadt-strausberg.de
e-mail:	strausberg-tours@t-online.de

Fährfahrt

Auskünfte:	Am Straussee Karl-Liebknecht-Straße Telefon 0 33 41/31 12 15	
Fahrpreise:	Erwachsene Kinder	DM 2,00 DM 1,00

Heimatmuseum Strausberg

Auskünfte: August-Bebel-Straße 33
15345 Strausberg
Telefon und Telefax 0 33 41/2 36 55

Öffnungszeiten: dienstags bis donnerstags 10.00 – 12.00 Uhr
und 13.00 – 17.00 Uhr
in der Sommersaison
auch sonntags 14.00 – 17.00 Uhr

Eintritt: Erwachsene DM 2,00
Kinder DM 1,00
mit Führungen je das Doppelte

Schwimmhalle-Strausbad

Auskünfte: Wriezener Straße
15344 Strausberg
Telefon 0 33 41/3 90 10 19

Öffnungszeiten: Öffnungszeiten bitte erfragen

Eintritt: Badezeit 90 Minuten
Erwachsene DM 5,00
Kinder (4 bis 14 J.) DM 3,00

Flughafen-Museum

Auskünfte: Luftaufsicht Flugplatz Strausberg
Telefon 0 33 41/31 22 74
Telefax 0 33 41/31 22 73

Öffnungszeiten: nach Absprache

Eintritt: frei

Kinderbauernhof „Roter Hof"

Auskünfte: Roter Hof 2
15344 Strausberg
Telefon 0 33 41/30 99 60

Öffnungszeiten:	im Sommer	
	dienstags bis sonntags	10.00 – 18.00 Uhr
	im Winter	
	dienstags bis sonntags	10.00 – 16.00 Uhr
Eintritt:	Gruppenbetreuung	
	pro Person	DM 1,50

Museumspark Baustoffindustrie

Auskünfte:	Heinitzstraße 11	
	15562 Rüdersdorf	
	Telefon 03 36 38/76 50	
	Telefax 03 36 38/76 11	
Öffnungszeiten:	im Sommer täglich	10.00 – 18.00 Uhr
	Dezember bis	
	Ende Februar	10.00 – 17.00 Uhr
Eintritt:	ohne Führung	
	Erwachsene	DM 7,00
	Kinder	DM 3,50
	Museumspädagogische Angebote, wie	
	Arbeiten mit Ytong, Mosaike herstellen etc.:	
	Erwachsene	DM 10,00
	Kinder	DM 5,00
	Mit Helm und Hammer zwei Stunden in den	
	Tagebau, um Fossilien zu finden:	
	Erwachsene	DM 15,00
	Kinder	DM 7,00

19 Auf den Spuren der Poeten

Von der Wurzelfichte über den Poetensteig zum Strandbad Buckow

In der Märkischen Schweiz begegnen wir nicht zufällig Dichtern, Denkern und Poeten. Theodor Fontane, Berthold Brecht und seine Gefährtin Helene Weigel, sie und viele andere wie auch König Friedrich Wilhelm IV. loben diesen Landstrich, fanden hier Erholung. Heute zeigt sich der Kurort Buckow, der 1249 erstmals als „Castrum Buchowe" erwähnt wurde, als besonders familienfreundlich. Vom 16. bis 19. Jahrhundert waren Hopfenanbau und Bierexport die bedeutendsten Erwerbszweige. Mitte des 19. Jahrhunderts trugen Rosenzüchter zum Ruhm ihrer Stadt bei. Nachdem die Ostbahn Berlin-Küstrin 1865 gebaut wurde, entwickelte sich Buckow zum angesagten Luftkur- und Badeort. Brecht fühlte sich von der Umgebung seines Sommersitzes zu den „Buckower Elegien" inspiriert. Und wer weiß, vielleicht fühlen sich die Kleinen nach einem Besuch im *Brecht-Weigel-Haus* oder einer Wanderung über den Poetensteig auch literarisch beflügelt. Sei dazu mit einer Sage über die Entstehung des Schermützelsees ein zusätzlicher Anreiz gegeben.

Die weiße Frau

Es gab eine Zeit, in der noch kein See zu sehen war. Die Bauern waren reich, weil der Boden gut und saftig war. Sie bauten hier ihren berühmten Hopfen an und nahmen in Kauf, dass es vor Ort kein Trinkwasser gab. Eines Tages zeigte sich am Markttag eine weiße Frau und sprach zu ihnen: „Hier unten, tief unten, springt taufrischer Bronn, doch hütet euch wohl, zieht hinterwärts die Sonn!" Genau so schnell wie die weiße Frau erschien, verschwand sie wieder. Die Leute taten, wie ihnen geheißen. Fanden die Quelle und bedeckten ihren Brunnen immer wieder sorgfältig mit einem schweren Stein. Während eines Festes aber wurden einige trunkene Buckower Burschen übermütig und nahmen einen schweren Stein beiseite, weil sie ein Fass draufstellen wollten. Doch plötzlich brach die Erde auf und eine gewaltige Springflut ließ das Wasser immer höher steigen. Weder Häuser, noch Bäume, noch Hügel boten Schutz. Als die Nacht vergangen war und die Sonne am Himmel strahlte, sah sie nur die weite Wasserfläche. Aber drüben auf dem Berge soll die weiße Frau gesungen haben: „Anne Susanne, komm nimmer zu Lande." Einmal soll ein Fischer die Glocke in seinem Netz gehabt haben, als er sie aber am Ufer hatte, riss das Netz mittendurch. Die Glocke sank wieder auf den Grund und aus der Tiefe hörte man es summen: „Anne Susanne, komm nimmer zu Lande." Zur Johannisfeier hören heute noch Sonntagskinder, wie es in der Tiefe dumpf und schaurig klingt – es ist die Glocke von der versunkenen Stadt.

Also Ohren gespitzt! Wir laufen mit unserem Picknickkorb durch die Mini-Alpen am Schermützelsee. Unser Wanderweg beginnt direkt am Parkplatz vor der Schule. Die lassen wir rechts neben uns und gehen den Sandweg Richtung Wald. An der ersten Wegkreuzung biegen wir links Richtung Wurzelfichte ab. Hier werden wir dicht am Sophienfließ entlanglaufen. Am ersten Holzbohlenstieg machen wir den obligatorischen Rutschtest. Hat es geregnet, so ist auf dem Weg bis zur Wurzelfichte besondere Achtsamkeit geboten. Denn wir werden noch über so manchen Holzbohlenstieg und ein paar Brücken laufen. Gleich links hinter der ersten Brücke finden wir einen überdachten Platz zur Rast. Eine kleine Erfrischung und schon geht es

Die alte Wurzelfichte steht unter Naturschutz

19

weiter. Hier im **Nationalpark Märkische Schweiz** leben sogar Fischotter. Längst sind die Zeiten vorbei, in denen man ihnen wegen ihres dichten Fells nachstellte. Sie sind die am stärksten vom Aussterben bedrohte Säugetierart Mitteleuropas. Die Tiere werden bis zu 1,40 Meter lang und wiegen etwa 14 kg. Dass uns ein solches Exemplar auf unserem Weg begegnet ist eher unwahrscheinlich. Lediglich kunstvoll gebaute Dämme im Fließ könnten für uns ein Hinweis sein, dass dieses saubere Fließgewässer zum Revier gehört. Wahrscheinlich schlafen die Tiere im sicheren Versteck, denn die verspielten Otter sind dämmerungs- und nachtaktiv. Die Mücken und Zecken vor Ort sind allerdings ständig hungrig und putzmunter...

Wir folgen dem *gelben* und *weißen Strich* und gehen am Ufer entlang direkt zur Wurzelfichte. Bald schon erkennen wir den 35 Meter hohen Baum, der sich seit 180 Jahren mit seinem riesigen Wurzelgeflecht am Ufer festhält. Es ist ein Naturdenkmal und hat eine Bitte an uns: „Besucher hier – ich bitte dich! Betracht' mich, doch betritt' mich nicht. Mir tun schon alle Wurzeln weh – ein Wunder nur, daß ich noch steh!" Wir überqueren die Brücke und halten uns rechts. Am Wegweiser biegen wir links ab und der Anstieg zum *Krugberg* beginnt.

Durch die *Drachenkehle* laufen wir den Sandweg immer geradeaus bergauf. Oben an einer Wiese angekommen, halten wir uns am Waldrand links. 80 Meter noch und wir haben es geschafft. Hier können wir eine wundervolle Aussicht genießen und in aller Ruhe vor dem Turm picknicken. Gestärkt laufen wir jetzt den Weg geradeaus am Rande des Waldes runter und biegen schräg rechts den kleinen Pfad in den Wald ein. Der nächste Wegweiser lenkt uns links ei-nen kleinen Weg hoch. Ihn laufen wir bis zum Ende der Koppel und biegen rechts wieder in den Wald ein. Dort treffen wir auf den **Poetensteig**. Wer mag, geht gut einen halben Kilometer nach links und schaut sich die Schutzhütte auf dem *Dachsberg* an. Von dort aus könnte man vorbei am großen Stein über die *Silberkehle*, den *Silberberg* zur Königseiche an der Güntherquelle vorbei Richtung Stadtpark gehen. Am Stadtpark rechts halten und man kommt zurück zum Parkplatz.

Wir biegen auf den Poetensteig rechts ein und kommen über Jenas Höhe langsam aber stetig bergab wieder Richtung See. An der Wegkreuzung (geradeaus Wurzelfichte) gehen wir links Richtung Parkplatz.

Jetzt lockt das Wasser. Der **Schermützelsee** ist mit seiner Größe von 147 Hektar, einer Länge von 2,2 Kilometern und 47 Metern Tiefe der größte in der Märkischen Schweiz. Und genau den wollen wir jetzt erobern. Das Auto lassen wir getrost an der Schule stehen und schnappen uns nur kurz die Badesachen und laufen fünf Minuten zum See.

19

Im **Buckower Strandbad** am Schermützelsee haben Kinder und Eltern vielfältige Möglichkeiten, am Ufer zu entspannen. Das Gelände ist übersichtlich und es gibt Parkbänke auf der Liegefläche. Kinder und Jugendliche nehmen den hölzernen Badeturm in Beschlag. Unter den wachsamen Augen der Rettungsschwimmer wird hier geklettert und mutig in den See gehüpft. Wer mag, leistet sich im Anschluss eine Dampfertour über den See zum Restaurant „Fischerkehle".

Schwimmen, Rudern oder ein Ausflug in die hübsche Altstadt mit dem Marktplatz und der Kirche bieten sich in Buckow zusätzlich an. Im Bahnhof „Buckow (Märkische Schweiz)" kommen wir mit der über einhundertjährigen Eisenbahntradition im **Buckower Kleinbahn Museum** in Berührung. Die Buckower Kleinbahn existiert seit 1897 und verbindet Buckow mit Müncheberg und somit via Ostbahn mit der Hauptstadt Berlin. Jugendliche und jung gebliebene Technik-Fans freuen sich über die teilweise 70 Jahre alte, noch im Originalzustand erhaltene Elektrotechnik, die hier ausgestellt ist.

Wie kommt man nach Buckow?
Bahn: Von Berlin, RB 26 von Berlin-Lichtenberg bis Müncheberg, Bus 928 bis Buckow

PKW: A 10, östlicher Berliner Ring, Abfahrt Vogelsdorf, über B 1/B 5 Abzweig Strausberg, über Hohenstein oder über B 1/B 5 Richtung Frankfurt/Oder durch Müncheberg, über Waldsieversdorf nach Buckow

Auskünfte: Fremdenverkehrsamt Märkische Schweiz
Wriezener Straße 1a
15377 Buckow
Telefon 03 34 33/5 75 00
Telefax 03 34 33/5 77 19

Internet: www.kurstadt-buckow.de

Naturpark Märkische Schweiz

Auskünfte: Lindenstraße 33
15377 Buckow
Telefon 03 34 33/1 58-3
Telefax 03 34 33/1 58-42

e-mail: np-maerkische-schweiz@lags.brandenburg.de

Buckower Kleinbahn Museum

Auskünfte:	„Eisenbahnverein Märkische Schweiz e. V."	
	Am Bahnhof 1	
	15377 Buckow	
	Telefon 03 34 33/5 71 15	
Öffnungszeiten:	Mai bis Oktober	
	samstags und sonntags	10.00 – 16.00 Uhr
Eintritt:	Erwachsene	DM 4,00
	Kinder	DM 3,00

Brecht-Weigel-Haus

Auskünfte:	Bertold-Brecht-Straße 30	
	15377 Buckow	
	Telefon 03 34 33/4 67	
Öffnungszeiten:	April bis Oktober	
	mittwochs bis freitags	13.00 – 17.00 Uhr
	samstags, sonn- und feiertags	13.00 – 18.00 Uhr
	November bis März	
	mittwochs, donnerstags und freitags	10.00 – 12.00 Uhr
	und	13.00 – 16.00 Uhr
	samstags, sonn- und feiertags	11.00 – 16.00 Uhr
Eintritt:	Erwachsene	DM 3,00
	Kinder (unter 14 J.), Schüler, Studenten, Wehr- und Zivildienstleistende	DM 1,50
	Gruppenführung pro Person	DM 5,00
	Ermäßigte	DM 3,00
	Fotoerlaubnis	DM 3,00

Dampferfahrten

Auskünfte:	Seetours Märkische Schweiz
	Wolfgang Katerbau
	Bertold-Brecht-Straße 11

15377 Buckow
Telefon 03 34 33/2 32
Der Anleger für die Schiffe befindet sich am Strandbad.

Sonderveranstaltungen

Bukower Rosentage: Stadtfest im Juni
Buckower Rosentageverein
Telefon 03 34 33/2 32

Tipp:
Die Jugendherberge Buckow gilt bei vielen Berliner Familien als ein Geheimtipp. Die Betreiber bieten für Urlauber ein auf die Jahreszeiten abgestimmtes Programm an (Berliner Straße 36, 15377 Buckow, Telefon 03 34 33/2 86).

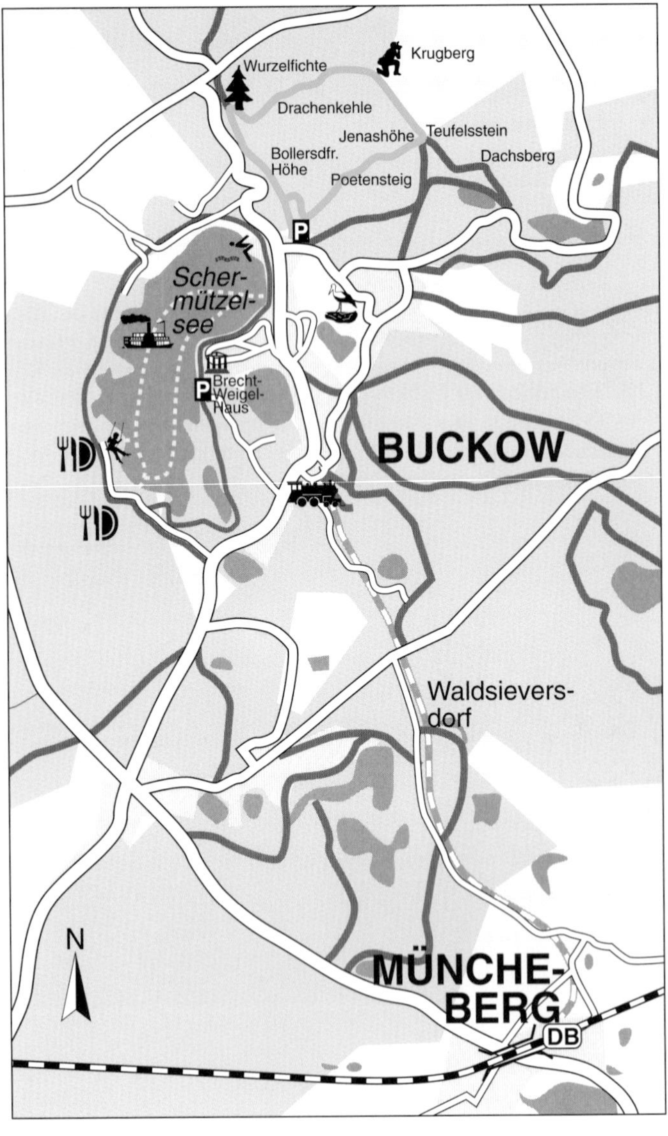
Krugberg
Wurzelfichte
Drachenkehle
Jenashöhe
Teufelsstein
Dachsberg
Bollersdfr.
Höhe
Poetensteig
P
Scher-
mützel-
see
Brecht-
Weigel-
Haus
P
BUCKOW
Waldsievers-
dorf
N
MÜNCHE-
BERG
DB

Burggeschichten und Minnesang 20

Nicolai de Treskow lässt die Herzen in Ziesar höher schlagen

„Die hohe Kunst der Verführung", so lautet der Titel des ersten Buches vom ewig jungen Minnesänger Nicolai de Treskow. Zwei Zimmer nennt er auf der Burg Ziesar sein Eigen. Zum jährlichen Burgfest im Sommer bezieht der Wahl-Berliner seine Landresidenz auf jeden Fall und flirtet eifrig mit seinen Gästen. Seine Harfenmusik klingt von silbernen CDs und wenn er wirbt, dann spielt er live und zieht sein Publikum in einen magischen Bann. Als Mitautor des Kinderbuches „Rupert von Regenstein" machte der junge Vater seine zweite Veröffentlichung. In der Geschichte lesen wir von Rupert, seiner Schwester und dem schwarzen Ritter, den es zu besiegen gilt. Im hilfreichen Minnesänger erkennen wir das Gesicht des in Deutschland als einzigen Minnesänger eingetragenen Nicolai de Treskow.

Nicolai de Treskow – ein Spezialist für Minnesang

20

An dem Parkeingang rechts vor der Burg finden wir das große Hinweisschild für den *Naturlehrpfad „Alte See"*. Ab hier folgen wir der Beschilderung. Unser Weg führt uns bis zur nächsten Wegkreuzung. Rechts laufen wir an einem hübschen Teich vorbei, bleiben auf dem Weg und kommen über eine Brücke. Nach der Erfrischung geht es weiter über die Bahnschienen entlang der Koppeln. Linker Hand werden wir den Bach überqueren und kommen so auf den zum Teil befestigten Wanderweg. Ohren gespitzt, hier hören wir schon das Summen der Autos. Wir laufen rechts Richtung Auffahrt zu der örtlichen Autobahnbrücke. Jedoch halten wir uns vor der Auffahrt rechts und folgen dem Weg über die Felder. Bald gelangen wir zum Pappelwäldchen. Die Kinder können schon mal Ausschau halten nach der Schilfhütte, die nach einigen Metern leicht zu entdecken ist. Hier können wir rasten und den schönen Blick über die „Alte See", auf die Burg und die Stadt Ziesar genießen. Übrigens wird Ziesar dreisilbig gesprochen und bedeutet im Slawischen: „Hinter dem See".

Der Weg führt uns weiter geradeaus in den Wald. Im Wald biegen wir rechts ein und folgen dem breiten Weg. Bald gelangen wir zum Rastplatz am Bürgerhölzchen, oder wie die Brandenburger sagen, „zum 2. Hölzchen". Tische und Bänke laden ein, auch hier ein wenig zu verweilen und den Picknickkorb auszupacken. Im Herbst, zum Altweibersommer, ist es hier besonders romantisch. Ausgerüstet mit einer Lupe können die Kinder den weißen Fäden der Spinnen, die dem weißen Haar alter Weiber ähneln, auf die Spur kommen. Es sind die Flugfäden von Jungspinnen, die kaum einen Millimeter groß sind. Früher erzählte man sich, die Fäden seien die Gespinste von Schicksalsgöttinnen oder sogar Vorboten von Pest oder Sturm. Dabei sind sie bloß Zeugnis der großen Spinnenwanderung zu Luft. Die kleinen Spinnenbeinchen würden die Tiere nicht schnell genug zu neuen Nahrungsquellen bringen, also klettern die Jungspinnen zunächst an einen hochgelegenen Startplatz. Dann spinnen sie mehrere Meter lange Fäden. Bei günstiger Witterung beißen die Jungtiere die Fäden von der Unterlage los und treiben im warmen Aufwind in Massen davon. Denn ein Spinnenweibchen legt in der Regel so viele Eier ab, dass die Nahrung für den gesamten Nachwuchs schnell zu knapp würde. Also machen sich die Spinnenkinder auf zu neuen Jagdgründen und treiben bis zu 4 000 Meter hoch, oder über dem Meer bis zu 350 Kilometer vom nächsten Land entfernt. Wenn die Jungtiere landen wollen, sammeln sie ihren Flugfaden wieder zusammen und sinken zu Boden. Dann übernehmen sie ihre Lebensaufgabe im Kreis der Natur und vertilgen unzählige Insekten.

20

Wir laufen entlang des rechten kleinen Weges und kommen am Bahnübergang auf die Bundesstraße, die zurück nach Ziesar führen würde. Es ist das Ende des Naturlehrpfades. Da wir nicht an der Straße weitergehen wollen, überqueren wir die Bahnschienen und laufen rechts weiter vorbei an der Gaststätte „Ambiente". Auf dem asphaltierten Zufahrtsweg geht es wieder in Richtung Bundesstraße. Rechts sehen wir den kleinen Weg, der uns zurück in den Wald führt. Dann kommen wir am Sportplatz vorbei und erreichen die Straße „Mühlentor". Rechts ab gelangen wir zurück zur Burg. Ein wenig Ruhe finden wir in der Burgkapelle. Wer mag, klettert noch auf den *Burgturm*, um die Aussicht bis nach Brandenburg/Havel oder bis Burg zu genießen. Von diesem kann man auf den gegenüberstehenden ehemaligen *Hungerturm* wunderbar ins Storchennest schauen. Jedoch locken auf dem Spielplatz vor der Burg Schaukel, Wippe, Seilbahn und Sandkasten. Für die Kleineren gibt es einen Flaschenzug, mit dem man Sand transportieren kann und auf einem Erdhügel ist eine schöne Rutsche befestigt. Spielen macht eben nicht nur im Mittelalter Spaß.

Wie kommt man nach Ziesar?
Bahn: Berlin – Brandenburg, Bus 560/562 nach Ziesar

PKW: A 2, Abfahrt Ziesar, oder von der A 9 über Belzig auf der B 107; die Parkmöglichkeiten im Ort und vor der Burg sind begrenzt

Auskünfte: Tourismus-Information
Mühlentor 16
14793 Ziesar
Telefon 03 38 30/2 19

Turmbesteigung und Museum

Öffnungszeiten:	April bis September	
	montags bis donnerstags	9.30 – 18.00 Uhr
	freitags	9.30 – 15.00 Uhr
	samstags, sonn- und feiertags	13.00 – 17.00 Uhr
	Oktober bis April	
	montags bis donnerstags	8.00 – 16.00 Uhr
	freitags	8.00 – 14.30 Uhr
Eintritt:	Erwachsene	DM 1,00
	Kinder	DM 0,50

ℹ️ Im Museum gibt es eine Ausstellung im ehemaligen Wohnhaus von König Friedrich II. von Preußen (unmittelbar an der Einfahrt zur Burg).

Einkehr: Burg-Hotel-Ziesar
Frauentor 5
14793 Ziesar
Telefon 03 38 30/66 6-0
Spezialität: Ritteressen, Wikingerfeste

Tipp:
Vor dem Ziesar-Ausflug bei der Touristik-Information nachfragen wann besondere Veranstaltungen rund um die Burg geplant sind. Vielleicht hat sich ja sogar der Minnesänger für einen Burg-Aufenthalt mit Kind und Kegel angekündigt.
Telefon 03 38 30/2 19

Von Kobolden, Drachen, Bauern und Fischern

Ein Rundgang durchs Dorf Blankensee über den Bohlenstieg zum Schloss

Ganz zu recht sind die Bewohner von **Blankensee** ganz besonders stolz auf ihr **Bauernmuseum** im Dorfkern. Es ist das älteste Wohnhaus in der Gemeinde, die sogar schon mal den Landeswettbewerb „Unser Dorf soll schöner werden" gewann. Das heutige Bauernmuseum wurde 1649 gebaut. Seine genaue Bezeichnung ist: märkisches Mittelflurhaus vom Typ des Wohn-Stall-Gebäudes. Eigentlich gar nicht typisch für die Bauweise im Dorf oder in den Nachbargemeinden. Denn die Dörfer des Thümischen Winkels im heutigen Kreis Teltow-Fläming waren im Wesentlichen Guts- und Kossätendörfer (Kossät = Kleinbauer). Das heutige Museum ist eine Art norddeutsches Dielenhaus. Die Diele schrumpft zum Mittelflur und die Räume des Erdgeschosses werden durch die „schwarze Küche" mit dem Stallteil verbunden.

Mit solchen Geräten wurde früher Butter gemacht

Über eine schmale Treppe gelangen die Besucher in das zweite Geschoss. Eine kleine Kammer diente hier als Wohnraum, der Rest der Fläche wurde als Speicher genutzt. Eine Decke gab es nicht. Balken und Stangen halfen, dass der Platz als Vorratsraum genutzt werden konnte. So brauchten die Bauern keine Scheune und konnten relativ einfach das Vieh im Haus füttern. Aufgrund dieser durchdachten Bauweise war eine tolle Wärmeisolierung bei optimaler Raumnutzung möglich. Heute ist eine weitere Decke eingezogen. Das dritte Stockwerk wird für regelmäßig wechselnde Ausstellungen genutzt.

Die Geschichte des Museums selbst ist auch spannend. Eigentlich beginnt sie mit Funden aus verschiedenen Epochen, lange bevor Blankensee wirklich ein Dorf war. Ihre Spuren sind mehr als nur Scherben und Sand, die Funde geben uns heute Aufschluss über die Entwicklungsgeschichte der Menschen in Brandenburg. Einer, der sich brennend für Entdeckungen dieser Art interessierte und sammelte, war ein Blankenseer Dorfpfarrer. 1947 stellte Gerhard Peters seine volkskundliche Privatsammlung der Öffentlichkeit zur Verfügung. Zu diesem Zweck wurde die Herrschaftsempore der Blankenseer Dorfkirche kurzerhand umfunktioniert. Neun Jahre später zieht die Ausstellung um und 1961 wird das Heimatmuseum in der „Dorfstraße" gegründet. Nachdem der Pfarrer verstarb, drohte das Haus nach und nach zu verfallen. 1976 beginnen Bürger der Gemeinde damit, ihr Museum wieder aufzubauen. Bauseitige Fertigstellung und symbolische Schlüsselübergabe erfolgen 1981. Seitdem hat wieder so mancher in dem schmucken Fachwerkhaus Geschichte greifbar nah erlebt. Und wirklich: Selbst die kleinsten Besucher staunen über die riesengroßen Strohschuhe, die man einst anzog, damit man bei Tisch in der Stube keine kalten Füße bekam. Kleine Besucher trauen ihren Augen kaum, wenn sie das winzige Schlafzimmer der ganzen Bauersfamilie sehen. Und was für Schulsachen die Kinder früher hatten... Und warum ist die Küche eigentlich schwarz gewesen? Und weshalb geht der Kamin bis zum Dach? Und wie machten die Bauern aus ausgekämmtem Frauenhaar Bilder? Die Mitarbeiter des Museums verstehen es, die Kinder mit sehr gut verständlichen Hinweisen und spannenden Geschichten zu faszinieren.

Der Kobold von Blankensee

Vor langer Zeit soll ein Bauer, der einen Hof in Blankensee gekauft hatte, fast verzweifelt sein. Kaum war er richtig eingezogen, bemerkte er, dass ein kleiner, grüner Kobold bei ihm wohnte. Dieser ärgerte den Bauern dauernd und so wusste der Bauer sich eines Tages kaum noch zu helfen und bat im Dorf um Rat. Einer empfahl dem Bauern, den Kobold im Wald auf einen Baum zu locken. Guten Mutes fuhr der Bauer daraufhin, den ungebetenen Gast auf der Kutsche, zunächst kreuz und quer durch den Wald. Dann suchte er eine recht große Kiefer aus und begann mit Sägearbeiten. Der Kobold, der den Bauern nur bei der Arbeit stören will, hüpft im Baum hin und her, dass es nur so schaukelt. In diesem günstigen Moment springt der Bauer auf die Kutsche und jagt die Pferde durch den Wald zu seinem Hof. Doch ehe er sich recht versah, klopfte es auf seiner Schulter und der Kobold lachte: „Wat jächste denn so? De jlöwst woll, de Jröne kümmt?" (Warum jagst du denn so, du glaubst wohl, dass der Grüne kommt?) Der Kobold saß also wieder auf dem Wagen und fuhr mit dem Bauern heim. Sein Treiben wurde immer schlimmer und der Bauer war schon ganz verzweifelt. Da kam ein altes Mütterchen zu ihm auf den Hof. Sie hatte Hunger und bat um ein Maß Graupen und einen Teller voll Milch. Nachdem die Alte ihren Hunger gestillt hatte, gab sie dem guten Bauern zum Dank ein rotes Stückchen Tuch. Wenn er einen Wunsch habe, dann solle er es nachts, gleich nach Mitternacht bei hellem Mondschein, in die Luft werfen. Das tat der Bauer wie ihm geheißen mit den Worten: „Schaffe mir den Kobold weg". Ein feuriger Drache erschien unter lautem Getöse, dann verschwand er fast noch im selben Augenblick. Seit dieser Vollmondnacht war der Bauer den Kobold los und konnte zufrieden in Blankensee leben und arbeiten.

Zusätzlich zum Bauernmuseum können wir, nach vorheriger Anmeldung, noch Fischerei, Imkerei, Dorfkirche und den Sudermann-Park besichtigen. Wir stärken uns für unsere kleine Wanderung in der Museumsschenke und gehen links *(grüner Wegweiser)* vom Hof Richtung Bohlensteg durch das Dorf. Wir kommen über einen Sandweg und eine kleine Brücke direkt auf den Bretterweg über das Wasser. Nach einem Regenschauer ist der Holzweg zwar gefährlich glatt, aber dennoch: Von hier aus können wir sehr gut das Leben im Schilf beobachten. Eigentlich bräuchte man mit Kindern für den kleinen Rundweg vom Bauernmuseum zum Schloss eine knappe Stunde. Aber wer mit Fernglas und Naturführer ausgerüstet ist, kann stundenlange Naturbeobachtungen machen. Am Ende des Bohlensteges bekommen wir wieder festen Boden unter die Füße. Bald sehen wir den schönen **Schlosspark**. 1832 wurde er nach Entwürfen von Lenné, dessen Schaffen uns auch im Park Sanssouci (siehe Kapitel 16) schon begegnete, gestaltet. Das **Blankenfelder Schloss** selbst wurde 1740 gebaut. Sein berühmtester Bewohner ist der Schriftsteller Hermann von Sudermann, der das Schloss 1902 kaufte. Ansonsten lebten und arbeiteten in Blankensee vor allem Fischer und Bauern. Daher noch ein kleiner Tipp am Rande: Die Räucherware, die vor Ort verkauft wird, ist ein wahrer Genuss – viele kleine und große Leckermäulchen lieben die hiesigen Fischspezialitäten.

21

Vom Holzbohlensteg kommend halten wir uns links und gehen entweder entlang des Ufers zurück ins Dorf oder laufen weiter geradeaus und treffen auf eine große Straße. Biegen links ein, überqueren die wenig befahrene Straße und gehen geradeaus den „Trebbiner Weg" hoch zum Wildgehege. Auf unserem 4,5 Kilometer langen Rundweg im **Wildgehege** können wir Muffel-, Rot- und Damwild begegnen. Dabei sollten wir unbedingt auf den Wegen bleiben, um die Tiere auf dem ehemaligen Militärgelände nicht zu stören. Sonntags werden kostenpflichtige Führungen angeboten – Anmeldungen sind nicht erforderlich, Vorbestellungen möglich. Innerhalb der eingezäunten Fläche sehen die Kinder die gut 100 Tiere auf der 160 Hektar großen Gesamtfläche des Geheges. Es sei an dieser Stelle nochmals eindringlich darauf hingewiesen, dass das Wildgehege Glauer Tal kein Streichelzoo und auch kein zoologischer Garten ist. Das Gelände ist weiträumig und wir können die Tiere nur aus einer gewissen Entfernung in ihrem nahezu natürlichen Lebensraum beobachten. Deshalb gilt hier besonders streng: Hunde an die Leine und die Tiere im Gehege nicht füttern. Warum? Die natürliche Scheu der Tiere schützt sie selbst und den Menschen vor gefährlichen Begegnungen. Außerdem gibt es genug natürliche Futterquellen auf dem Gelände. Mitarbeiter und Tierarzt kümmern sich um das Wohlergehen und im Winter gibt es an den entsprechenden Futterplätzen für die Tiere Heu.

Zur Geschichte: Der Landschafts-Förderverein Nuthe-Nieplitz-Niederungen e. V. kaufte mit Unterstützung des Landes Brandenburg die Flächen 1998 und befreite den eingerichteten Wanderweg von Munition. Denn das Gelände wurde jahrzehntelang ausschließlich für den Übungsbetrieb russischer Truppen genutzt.

Wer den Weg von Blankensee zum Wildpark mit dem Auto macht, fährt aus dem Dorf Richtung „Friedensstadt" und rechter Hand sind die Hinweisschilder zum Wildgehege. Der Weg ist eine nostalgische Betonplattenstraße. Links etwas versteckt vor dem Wald finden wir einen kleinen ausgetretenen Sandweg, der zu einem kleinen See führt. Von den Einheimischen wird er liebevoll „Russen-See" genannt. Im Sommer werden die kleinen Buchten des Gewässers von den hiesigen Familien und Gästen als Badestellen genutzt. Eine Badeaufsicht gibt es hier nicht. Im Winter lädt die Eisfläche zu lustigen Rutschpartien ein, aber es gilt, sich vor dem Vergnügen ausreichend zu versichern, dass das Eis trägt.

Wie kommt man nach Blankensee?

Bahn: Strecke Jüterborg – Berlin – Trebbin, dann am Wochenende Taxi-Kleinbus (Hin- und Rückfahrt DM 50,00, Telefon 03 37 31/1 73 19)

PKW: A 10 Berliner Ring, Abfahrt Drewitz, über Wildenbruch, Fresdorf, Stücken, nach Blankensee-Ortseingang rechts parken

Bauernmuseum Blankensee

Auskünfte:	Dorfstraße 4 14959 Blankensee Telefon und Telefax 03 37 31/8 00 11
Führungen:	Bauernmuseum, Fischerei, Imkerei, Dorfkirche (je ca. 45 Minuten) Sudermann-Park (ca. 1 Stunde)
Öffnungszeiten:	mittwochs bis freitags 10.00 – 12.00 Uhr und 13.00 – 17.00 Uhr samstags und sonntags 13.00 – 17.00 Uhr
Eintritt:	Erwachsene DM 3,50 Kinder DM 1,50 ab dem 2. Kind DM 1,00 Rentner, Studenten und Arbeitslose DM 3,00 Angemeldete Gruppen zahlen dieselben Preise, werden ohne Aufschlag durch das Museum, Schloss und Park geführt.
Einkehr:	Gaststätte „Museumsschänke" Dorfstraße 4 14959 Blankensee Telefon und Telefax 03 37 31/1 24 96 montags und dienstags Ruhetag

Wildgehege Glauer Tal

Auskünfte: Wild und Landschaftspflege Glau GmbH
Zauchwitzer Straße 51
14547 Stücken

Telefon 03 32 04/4 23 42
Kremser-Fahrten finden nach Voranmeldung statt. Der Preis beträgt pro Person DM 10,00 inkl. Eintritt.

Öffnungszeiten: täglich
Sommer 10.00 – 18.00 Uhr
Winter 10.00 – 16.00 Uhr

Eintritt: Erwachsene DM 3,00
Kinder DM 2,00

Tipps:
Für die Wanderungen unbedingt ein Fernglas und einen Naturführer als Nachschlagewerk mitnehmen.
Am 3. Septemberwochenende wird in Blankensee ab 12.00 Uhr das jährliche Museumsfest (vor und auf dem Hof) gefeiert.

Kartenempfehlung:
1 : 1 000 Topographische Karte, Vervielfältigungsnummer des Landesvermessungsamtes Brandenburg GB 6/97

Von Dracula zum weißen Hai 22

Grusel-Kult auf dem Schloss Schenkendorf

Bram Stoker erzählte einst die Geschichte vom untoten Grafen Dracula, dem blutrünstigen Vampir. Unzählige gute und schlechte Verfilmungen machten die Geschichte Draculas weltweit berühmt. Was ist Wahrheit und was Legende? Und siehe da: Unweit der Stadt Berlin im Kreis Dame-Spree gibt es eine erste Spur auf der Suche nach der Wahrheit: das Schloss und Rittergut Dracula. Und hier können wir uns aufklären lassen – machen wir uns also auf den Weg nach Schenkendorf.

Unsere Tour beginnt in **Königs Wusterhausen**, erbaut im 16. Jahrhundert. Liebevoll wird der Ort von Berlinern und Brandenburgern KW genannt. Also nicht wundern, wenn man hier in Kürzeln spricht... Hinter dem Bahnhof von KW führt der Kirchsteig zur alten Schleuse in den Ortsteil Neue Mühle. Wer dann weitergeht, kommt zu einem *Naturlehrpfad*, der mitten im Tiergarten, einem Naturschutzgebiet, liegt. Für ganz kleine Wanderer könnte dieser Ausflug schon reichen. Auch könnte man in nördlicher Richtung noch einen Abstecher zum *Rundfunkmuseum* machen. Denn von hier wurde im Jahr 1920 die erste Rundfunksendung im Rahmen eines Weihnachtskonzerts ausgestrahlt, und heute können wir in der Ausstellung technische Raritäten bewundern; Rundfunkgeschichte pur. Der Weg dorthin führt vom Bahnhof rechts über die „Storkower Straße", in die „Puschkinstraße" am Schloss vorbei rechts in die „Berliner Straße" und dann schnurstracks zum *Funkerberg*, der weithin mit seinem 210 Meter hohen Sendemast sichtbar ist.

Also lieber gleich den Drei-Kilometer-Marsch nach Schenkendorf zum Schloss und Rittergut Dracula antreten. Wir kommen aus dem Bahnhof, gehen am Taxistand vorbei und folgen in Königs Wusterhausen der Beschilderung nach Lübben. Wanderwegweiser mit *orangefarbenem Kreuz auf weißem Grund* weisen uns den Weg nach **Schenkendorf**. Wir wandern direkt an der Bundesstraße auf dem Fußweg. Irgendwann ragt ein Türmchen in die Luft, auf dem sich das **Schloss und Rittergut Dracula** ankündigt. Hier lebt der letzte Nachfahre des rumänischen Herrschergeschlechts: Ottomar Rodolphe Vlad Dracula Prinz Kretzulesco. Er ist zwar kein direkter Nachfahre, aber immerhin ein adoptierter. Und er macht seiner Familie alle Ehre. Denn für die Besucher vom Schloss und Rittergut Dracula hat er sich so manches einfallen lassen.

Schaurig, romantisch und verwildert wirkt das 16 Hektar große Gelände, auf dem Kutschenmuseum und Zirkuszelt ihren Platz haben. Im **Schlitten- und Kutschenmuseum**, der Ausstellung zur Familiengeschichte und dem **Dracula-Museum** finden wir weitere Antworten auf unsere Fragen. Zusätzlich gibt es die ständige

Ausstellung im Schloss, in dem auch Antiquitäten erworben werden können. Fangen wir mal von hinten an: Vier Minuten hinter dem Schloss finden wir den *Teich der Wünsche* und den Turm der Magie. Ein kleiner Streichelzoo, ein Spielplatz und der Biergarten vor der Pergola laden zum Verweilen ein. Oft wird auf dem Gelände gefeiert: Mittelalterspektakel mit Ritterturnieren, Klassik-Konzerte im Schloss, Openair-Konzerte im Park, Draculas Vampirpartys, Walpurgisnacht und zum Jahresabschluss der mittelalterliche Weihnachtsmarkt gehören zu den großen Veranstaltungen des Jahres. Vorher anrufen lohnt sich!

Graf Dracula und seine Freunde

Auf dem Gelände selbst ist die eine oder andere gruselige Entdeckung zu machen. Allzuviel sei nicht verraten. Aber keine Bange! Der junge Vampir, aus dessen Gesicht die langen weißen Eckzähne aufdringlich hervorlugen, dessen Augenränder dunkler als die Nacht sind, dessen Umhang an Fledermausflügel erinnert und dessen Haar pechschwarz an der Kopfhaut zu kleben scheint, ist entweder die Statue neben dem Klavier in der Orangerie oder der freundliche junge Mann, der sich bereitwillig in standesgemäßer Verkleidung mit den Besuchern fotografieren lässt. Ihm kann man auch ganz im Vertrauen die eine oder andere Frage stellen – in Sachen Gruseln ist er Fachmann. Und wirklich: Keine Angst, hier wird tatsächlich niemand gebissen! Im Gegenteil, gut betuchte Besucher beißen selbst. Und zwar in die köstlichen Enten oder Schweinshaxen direkt vom Grill.

Eine andere Möglichkeit für einen köstlichen Imbiss, ein Eis oder ein echtes Haifischsteak gibt es zwei Kilometer weiter in der Gaststätte „See-Idyll". Dort können wir vorab auch eine Kutsche bestellen und uns abholen lassen. Wer Schusters Rappen bevorzugt, geht aus dem Tor schnurstracks geradeaus die zwei Kilometer Richtung Krummensee. Wenn die Kinder nun hinter den Bahnschienen auf das Thema Bergbau kommen, dann haben sie sehr genau beobachtet. Es gibt in dem kleinen Ort viele Hinweise darauf, dass hier einst Braunkohle abgebaut wurde. Es sollen sogar noch Loren im Dorfteich liegen. Aber darüber kann uns der Wirt im Café sehr viel mehr erzählen, der behauptet zuweilen auch, er hätte grad den weißen Hai gesehen...

Neben der Gaststätte „See-Idyll" gibt es einen großen Parkplatz und direkt an diesen Grundstücken eine kleine grüne Wiese und einen herrlichen Sandstrand. Hier kann man sowohl buddeln, als auch Federball spielen. Übrigens: Eine Runde um den See braucht mit Kindern gut 1,5 Stunden. Wer mag, lässt sich von der kleinen Kutsche mit den beiden hübschen Shetland-Ponys durch die Landschaft fahren. Bei Sonnenschein und Badebetrieb gibt es Stoßzeiten, da das Café direkt am Strand gelegen ist und die Sonnenhungrigen auch mal ein Eis in die Hand wollen... Das **Sutschketal**, ein Naturschutzgebiet, bietet eine muntere Geräuschkulisse aus Vogelgezwitscher und dem Quaken der Frösche. Wilde Orchideen wachsen hier und mit Glück sehen wir sogar die farbenprächtigen Eisvögel. Durch das Tal könnten wir auch dem Wanderweg zum Bahnhof Bestensee folgen. Noch ein kleiner Ausflug in die Geschichte. Der Soldatenkönig, Friedrich Wilhelm I., pflegte in dieser Landschaft (Forst Königs Wusterhausen) seine beiden liebsten Hobbys: Jagen und Rauchen. 1717 ließ er das Schloss erneuern und saß dann mit seinen Vertrauten, dem „Tabakskollegium" so oft im einstigen Wendisch Wusterhausen, dass es bald in „Königs" Wusterhausen umbenannt wurde.

Unser Ziel ist der Bahnhof in **Zeesen**. Wir lassen das Tal rechts liegen, spazieren weiter über die kleine Brücke. Sobald rechter Hand die Bebauung wieder beginnt, sind wir schon ganz in der Nähe. In dem Ort selbst führt uns die erste große Straße nach rechts direkt zum Bahnhof. Wer den PKW dabei hat kann die Tour um den See fortsetzen und der Beschilderung *mit orangefarbenem Kreuz auf weißem Grund* zurück nach Königs Wusterhausen folgen.

Wie kommt man nach Schenkendorf ?

S-Bahn: 3 km entfernt vom S-Bahnhof Königs Wusterhausen; Bus 168

PKW: A 13, Ausfahrt Ragow/Königs Wusterhausen, in KW rechts in die Schloßstraße, nächste Ampel wieder rechts der Ausschilderung nach Schenkendorf (3 km) folgen. (Achtung! Auch bei großen Veranstaltungen drückt die Polizei vor Ort kein Auge zu, wenn es um Falschparker geht; dann lieber den großen Parkplatz an der Gaststätte „See-Idyll" nutzen und die 2 km zu Fuß zum Schloss laufen.)

Auskünfte:	Tourismusverband Dahmeland e. V. Am Bahnhof 15711 Königs Wusterhausen Telefon 0 33 75/25 20-0 Telefax 0 33 75/25 20-11
Internet:	www.touristinfo-koenigs-wusterhausen.e.l-d-s.de
e-mail:	info@touristinfo-koenigs-wusterhausen.e.l-d-s.de

Sender- und Funktechnikmuseum

Auskünfte:	Königs Wusterhausen Funkerberg 15711 Königs Wusterhausen Telefon 0 33 75/29 47 55 Telefax 0 33 75/29 47 54
Öffnungszeiten:	dienstags und donnerstags 9.00 – 15.30 Uhr samstags und sonntags 13.00 – 17.00 Uhr
Eintritt:	Erwachsene DM 4,00 Kinder (unter 12 J.) frei Schüler (ab 12 J.) DM 2,00

Schloss Dracula

Auskünfte:	Schloss Schenkendorf Dorfstraße 9 15711 Schenkendorf Telefon 0 33 75/90 12 86 Telefax 0 33 75/90 12 87

Internet:	www.schloss-dracula.de	
Öffnungszeiten:	1. Mai bis 30. September	
	täglich	11.00 – 22.00 Uhr
	1. Oktober bis 30. April	
	dienstags bis freitags	14.00 – 22.00 Uhr
	samstags und sonntags	11.00 – 22.00 Uhr
	Schlossführungen nur am Wochenende oder nach Anmeldung.	
Eintritt:	inkl. Führung	
	Kinder und Erwachsene	DM 5,00
Einkehr:	Schloss und Rittergut Dracula	
	15711 Schenkendorf	
	Gaststätte und Pension	
	See-Idyll	
	Hauptstraße 15	
	15711 Krummensee	
	Telefon 0 33 75/90 21 37	

Tipp:
Wen's nicht gruselt, der kann im Schloss exquisite Erinnerungsstücke erwerben: Antiquitäten. Der Schlossherr ist vom Fach, denn bevor er als Dracula-Stammhalter adoptiert wurde, war er Antiquitätenhändler an der Spree.

Kartenempfehlung:
1 : 60 000 Stadt & Land Verlag, Berliner Umland Südwest

23 Wer kennt den Steinernen Tisch?

Von Bad Saarow zum Markgrafenstein in den Rauener Bergen

Streifzüge durch das Land am Märkischen Meer, so nannte Theodor Fontane den Schermützelsee, lohnen sich zu jeder Jahreszeit. Bad Saarow-Pieskow war auch zu DDR-Zeiten ein beliebter Urlaubsort und am 19.12.1998 wurde **Bad Saarow** der Titel „Staatlich anerkanntes Heilbad" unbefristet verliehen. Namhafte Hotels, der Campingplatz und viele Angebote speziell für die jungen Besucher runden das Bild des Kurortes ab. Kurzum: Ein Bummel durch die Stadt lohnt sich allemal. Allerdings sollten wir es mit Fontane halten und „einen gut gefüllten Beutel Geld" bei uns tragen – die vielen Angebote sind nicht zuletzt für Kinder einfach verlockend. Da die **Rauener Berge** zum Wandern einladen, wenden wir uns vorrangig naturkundlichen Beobachtungen zu. Dabei ist der Rucksack, den wir daheim vorab mindestens mit Snacks, Getränken und dem besagten Geldbeutel bestückt haben. Diese Wanderung lässt sich flexibel gestalten und ist deshalb auch geeignet für gemischte Gruppen. Ungleichheiten in Ausdauer und Wanderlust können während des Weges spontan ausgeglichen werden. Die Gesamtstrecke von etwa elf Kilometern mag für manche Eltern erschreckend viel klingen, muss aber nicht komplett erwandert werden.

Wer mit der Bahn angereist ist, läuft zunächst die „Seestraße" bis zum Hafen der Schifffahrt. PKW-Fahrer parken das Auto unten beim Hafen der Schifffahrt und folgen dann der *grünen Markierung*. Zunächst gehen wir achtsam über die Umgehungsstraße, kommen in die „Kolpiner Straße", folgen der zweiten Querstraße und dem Wanderweg in nördliche Richtung. Leicht bergan laufen wir Richtung Kiefernwäldchen und kommen an eine Gabelung. Der zweite Weg von rechts führt uns zum **Teufelssee**. 1902 stand hier das Wasser noch sechs Meter höher, bahnte sich dann aber seinen Weg in einen Bergwerksstollen, der sich in unmittelbarer Nähe befand. Aufmerksame Kinderaugen werden sicher den einen oder anderen Stolleneingang entdecken. Per Pferdebahn wurde die geförderte Kohle Richtung Spree oder Schermützelsee transportiert.

Wir gehen weiter und kreuzen den Naturlehrpfad, dessen ausführliche Beschilderung über forst- und jagdwirtschaftliche Probleme, Geschichte und Geologie der Markgrafensteine, Tier-, Pilz- und Pflanzenkunde sowie den Braunkohlebergbau im 19. und 20. Jahrhundert verständlich Aufschluss geben. Hier können wir den geführten Rundweg beginnen und im Anschluss wieder zum Ausgangspunkt zurückkehren. Weiter in nördlicher Richtung, der *grünen Markierung* folgend, treffen wir bald auf eine kleine asphaltierte Straße. Wem die Füße lahm sind, der geht weiter zum Rasten geradeaus nach Rauen. Hier kann man sich erholen. Wer jedoch meint, am Ende der Kräfte angelangt zu sein, fährt von hier aus mit öffentlichen Verkehrsmitteln zurück zum Ausgangspunkt oder gar nach Hause.

Unser Weg führt uns nach links und wir gehen in Richtung der **Markgrafensteine**. Schutzhütten und Bänke bieten Gelegenheit für eine bequeme Rast. Ursprünglich stammen die Granitblöcke aus Mittelschweden. Die Gletscher der Eiszeit brachten die mächtigen Gesteinsblöcke in die Region der Rauner Berge. Fast 9 Meter war der Stein hoch und sein Umfang soll um die 30 Meter gewesen sein. Beeindruckt von diesem riesigen Block erdachte sich der Berliner Bauinspektor Gottlieb Christian Cantain (1794 bis 1866) eine Form für ihn aus. Die Idee einer imposanten Granitschale entstand. Also ließ er den Stein im Frühjahr 1827 mit Winden um 90 Grad drehen und zweifach spalten. Dann vergingen sieben Jahre bis aus dem ersten Teil die „größte Suppenschüssel der Welt", so sagen die Berliner, fertig und an ihrem Bestimmungsort aufgestellt war. Wir finden sie im Berliner Lustgarten vor der Freitreppe des Alten Museums. Wer nun glaubt, der Stein mit 6 Metern Höhe und 21 Metern Umfang ist der zweite Teil, irrt schlichtweg. Es ist der zweite Stein, der sich von dem ursprünglich größeren heute kaum unterscheidet. Übrigens: Goethe bewunderte die beiden Steine noch in voller Größe, Fontane sah nur den kleineren Block und die Reste.

Die „größte Suppenschüssel der Welt"

Aber wo ist der zweite Teil vom größeren Block geblieben? Am **Steinernen Tisch** finden wir die Antwort. Es ist mit 153,8 Metern die höchste Erhebung der Rauener Berge. Und woher hat er seinen Namen? Natürlich: Da stehen die Steinbänke und der Steintisch – 300 Meter nördlich von dem Ort, wo die Gletscher die Findlinge einst hinschoben.

Hinter den Markgrafensteinen beginnt für uns der *Naturlehrpfad*. Wir wandern in südliche Richtung durch den Mischwald und haben wieder die Wahl, einen längeren oder kürzeren Weg zu nehmen. Der kürzere: Wir biegen links ein, folgen dem Naturlehrpfad bis zur Ausschilderung nach Bad Saarow-Pieskow und biegen rechts in die „Kolpiner Straße" ein. Sie bringt uns zurück zur Anlegestelle. Wenn die kleinen Füße noch nicht müde sind und die Kinder weiter Interesse an dem Naturlehrpfad zeigen, dann ignorieren wir den Abzweig und laufen etwa eine gute Stunde den gesamten Rundweg mit Beschilderung entlang. Danach werden wir wieder an dieser Weggabelung sein und den Weg zurück in den Kurort antreten.

Der **Tier- und Fasanenpark** in Bad Saarow ist auf jeden Fall einen kurzen Besuch wert. Fasane treffen wir nur sehr selten in der freien Wildbahn an. Zum einen sind die erdfarbenen Hennen nur sehr schwer zu erkennen und die kupferfarbenen Hähne mit dem grün-blaufarbenen Kopf und der leuchtend roten Augenumrandung sind Meister des Versteckspiels. Ursprünglich sollen die Argonauten den Pahasianus (Fasan) mit nach Griechenland gebracht haben. Denn schon in der Antike wurde das edle Fleisch des Fasans geschätzt. Deshalb setzt man noch heute die eigentlich aus Südostasien stammenden Vögel immer wieder als Jagdwild aus.

Wie kommt man nach Bad Saarow-Pieskow?
Bahn: Strecke Berlin – Frankfurt/Oder

PKW: BAB 12, Abfahrt Bad Saarow-Pieskow

Weglänge:	variabel, bis zu 11 km
Auskünfte:	Kur- und Fremdenverkehrs-GmbH SaarowCentrum Ulmenstraße 15 15526 Bad Saarow Telefon 03 36 31/86 80 Telefax 03 36 31/86 81 20
Internet:	www.bad-saarow.de
e-mail:	info@bad-saarow.de

Wild- und Fasanenpark

Auskünfte:	Faunstraße 10 15526 Bad Saarow-Pieskow Telefon 03 36 31/26 00
Öffnungszeiten:	täglich 9.00 – 18.00 Uhr
Eintritt:	nach Anfrage

Tipp:
Bad SaarowCentrum bietet in der Hobbythek ein abwechslungsreiches Angebot aus kurbegleitenden Maßnahmen und verschiedenen Kursen in denen auch Familien ihre Kreativität ausleben können. Wie wäre es also mit Korbflechterei, Specksteinarbeiten oder spannenden Vorträgen? Von Mai bis September werden donnerstags von 16.00 bis 18.00 Uhr Natur- und Kräuterwanderungen ab Bad SaarowCentrum angeboten (pro Person DM 4,00).

Kartenempfehlung:
1 : 60 000 Berliner Umland Südost, Stadt & Land Verlag

24 Leseratten und Bücherwürmer

Die Bücherstadt in Wünsdorf-Waldstadt lädt zum Schmökern ein

Die Badestelle mit Spielplatz am **Großen Wünsdorfer See** ist sicher einen Ausflug wert, aber am Wochenende bringt ein kleiner Busshuttle die Besucher vom Bahnhof Wünsdorf-Waldstadt direkt in die einstige Militärstadt Wünsdorf und unter der Woche verkehrt der normale Linienverkehr. Auf in die Bücherstadt! Am Thema vorbei? Der Ort Wünsdorf spiegelt europäische Militärgeschichte vom wilhelminischen Stammlager über das Dritte Reich bis zur russischen Militärzeit wider. In der Waldstadt Wünsdorf geht es nicht um Kriegsverherrlichung. Drei riesige, geheimnisumwitterte Bunkeranlagen, die einst für das Oberkommando des Heeres 1937 bis 1939 gebaut wurden, sind Zeugnis der Geschichte. Zwei wurden gesprengt, sind nur noch Ruinen. Der als Nachrichtenzentrale geplante Bunker „Zeppelin" ist weitestgehend erhalten. Das darin befindliche *Garnisonsmuseum* ist ein „außerschulischer Lernort". In der Bücherstadt Wünsdorf gibt es Geschichte zum Anfassen und Nachlesen. Der Zweite Weltkrieg dauerte vom 1. September 1939 bis zu seinem formalen Ende am 2. September 1945 genau 52 641 Stunden. Über 55 Millionen Menschen starben als Soldaten, Opfer des Luftkrieges, als Flüchtlin-ge oder als Opfer der Gewaltherrschaft. Das bedeutet, dass jede Minute siebzehn Menschen ihr Leben verloren. Mit diesem Hintergrundwissen hat man sich in Wünsdorf dem Wunsch verschrieben, ehemaliges Militärgelände ganz bewusst friedlich nachzunutzen.

Um sich intensiv mit unterschiedlichen Blickwinkeln auf diesen Teil der Geschichte zu beschäftigen, lohnt es sich, nicht nur den Eintritt für einen Museumsbesuch vor Ort zu investieren. Im Museum werden zusätzlich zu den Ausstellungen Führungen durch die Maybach-Zeppelinanlage und die Nachrichtenbunker des Heeres angeboten. Wer durch die ehemaligen Nachrichtenbunker in 23 Metern Tiefe mit drei Stockwerken geführt wird, sollte mindestens einen extra warmen Schal dabei haben – unter der Erde ist es kalt. Vorher lohnt sich auf jeden Fall ein Blick in die Ausstellungsräume. Die eine Ausstellung gibt Aufschluss über den russischen Soldatenalltag von 1953 bis 1994. Eine andere beschäftigt sich mit dem Thema „Deutsche Standortgeschichte von 1907 bis 1945". Auch Standortrundfahrten durch die circa 590 Hektar große ehemalige Militärstadt werden von den Mitarbeitern des Museums angeboten.

Ein „außerschulischer Lernort" ist Wünsdorf andererseits, weil die Antiquare der 20 Buchläden Einblick auch in die DDR-Geschichte geben. Spannend ist es für die jungen Besucher vor allem, im reichen Angebot der Kinder- und Jugendbücher zu stöbern. Zu DDR-Zeiten

116

nannte man die schnell vergriffenen Waren oft Bückware. Die Erklärung ist simpel: Manche Verkäuferin bückte sich, um doch noch etwas unter dem Ladentisch hervorzuzaubern. So nennt sich eines der Antiquariate originell „Bückware" und bevorratet so manche Kostbarkeit an Kinder- und Jugendliteratur. Das Antiquariat für die Werke von Theodor Fontane verdient ebenfalls besucht zu werden. Oder wie wäre es mit englischer und russischer Literatur? Die Idee, einen ganzen Ort voller Buchantiquariate zu schaffen, hatte 1961 der Engländer Richard Booth. An der Grenze zwischen England und Wales in Hayon-Wye siedelten sich Fachantiquariate in beachtlicher Zahl an. Das Publikum nahm das Angebot dankbar an, Cafés und Restaurants entstanden und die erste Bücherstadt war geboren. Mittlerweile gibt es weltweit Bücherstädte. In Belgien, Frankreich, den Niederlanden, der Schweiz, in Finnland, den USA und in Japan treffen sich die Leseratten, um ihren Lieblingsschmöker aufzustöbern. In der Gaststätte „Waldidyll", gleich gegenüber vom Antiquariat „Bückware", machen wir eine kleine Rast und gehen dann rüber in das private *Motorradmuseum*.

Im Museum an der B96 gibt es tolle Zweiräder aus DDR-Zeiten und tschechische Modelle zu sehen. Kleine und große Motorradfans geraten bei den mehr als 60 Maschinen mit den blanken Chromteilen ins Schwärmen.

Wie kommt man nach Wünsdorf?
Bahn: RE 5 Berlin – Wünsdorf-Waldstadt, samstags und sonntags stündlicher Busverkehr Bahnhof – Bücherstadt

PKW: B 96 bis Wünsdorf, dann Fritz-Jaeger-Allee, Zehrendorfer Straße, Bücherstadt

Auskünfte:	Bücherstadt Tourismus GmbH Gutenbergstraße 1 15838 Wünsdorf Telefon 03 37 02/9 60-0 Telefax 03 37 02/9 60-20
Internet:	www.buecherstadt.de
e-mail:	webmaster@buecherstadt.de
Öffnungszeiten:	täglich 10.00 – 18.00 Uhr dienstags und mittwochs sind die Antiquariate geschlossen

Garnisonsmuseum

Auskünfte:	Förderverein Garnisonsmuseum e. V.
	Gutenbergstraße 1
	15838 Wünsdorf
	Telefon 03 37 02/9 60-0
	Telefax 03 37 02/9 60-20

Öffnungszeiten: donnerstags bis montags   10.00 – 18.00 Uhr

Eintritt:
Erwachsene	DM 14,00
Rentner	DM 12,00
Ermäßigte	DM 10,00

Inkl. Ausstellungsbereich „Deutsche Standortgeschichte 1907 bis 1945", „Russischer Soldatenalltag", Ausstellung Spitzbunker und $1\,^{1}/_{2}$ Stunden Bunkerführung über- und unterirdisch.

Motorradmuseum

Auskünfte:	Museum an der B 96
	Gutenbergstraße 7
	15838 Wünsdorf-Waldstadt
	Telefon 0 30/6 76 64 00

Öffnungszeiten: samstags und sonntags   11.00 – 18.00 Uhr
und nach Vereinbarung

Eintritt:
Erwachsene	DM 5,00
Kinder (bis 6 J.)	frei
Kinder und Ermäßigte	DM 3,00

Mit Mais und Kamera auf Jägers Spuren 25

Im Wildpark Johannismühle leben die ehemaligen „DDR-Staatszirkusbären"

Hier hat die Eiszeit eine malerische Landschaft geschaffen: der Niedere Fläming am Übergang zum Baruther Urstromtal. Selbstverständlich finden wir auch hier die für die Mark so typischen Kiefernwäldchen, die von heimischen Jugendlichen zuweilen „Ikea-Reservate" genannt werden. In dieser Idylle wird Mineralwasser für eine Supermarktkette abgefüllt, hier gibt es wunderschöne Seen, die zum Angeln und Baden einladen. Es ist ein beliebtes Jagdrevier und einst fand sich hier das Refugium des Oberkommandierenden der sowjetischen/russischen Streitkräfte. Sie prägten in der Zeit von 1964 bis 1994 ein Gelände, auf dem zwischenzeitlich einer der schönsten Wildparks entstand: der **Wildpark Johannismühle**. Aufgrund der Historie finden wir also im Wildpark selbst kleine Hütten, in denen früher geheime Gespräche stattfanden, ein schmiedeeisernes Tor mit Jagdsymbolen und weitere Hinweise auf die damaligen Nutzer der 22 Hektar. Heute ist das Gelände mehr als drei Mal so groß. Es sind insgesamt 80 Hektar umfriedet – angelegt wurde eine bezaubernde Wald-, Wiesen- und Teichlandschaft.

Füttern erlaubt – aber bitte nur aus dem Automat!

25

Machen wir uns also auf die Pirsch. Wir werden auf dem 3,2 Kilometer langen Rundweg, dem **„Großen Rundweg"**, unsere heimischen Wildarten hautnah erleben. Während die Kinder erst mal begeistert den Spielplatz erkunden, haben wir Gelegenheit für eine kleine Rast an den überdachten Picknicktischen. Selten erlebt man eine so friedvolle Co-Existenz von Kiosk-Betreibern und Picknickfreunden. Schnell noch mal zurück an die Kasse. Hier können wir die an den Futterautomaten so begehrten Münzen wechseln.

Los geht es! Wir gehen links aus Sicht des Eingangs den Schildern „Großer Rundweg" nach, und kommen zunächst an einem Futterplatz für das Rehwild vorbei. Dann stehen wir bald vor einem riesigen Ameisenhaufen. Die fleißigen Waldameisen (Kopf und Hinterleib sind schwarz, der Rücken ist rotbraun gefärbt) stehen unter Naturschutz. Obwohl sie im nördlichen Europa weit verbreitet sind, findet man diese als eine von weltweit ungefähr 15 000 bekannten Ameisenarten nur noch relativ selten in freier Wildbahn. Der Haufen, den ein Ameisenstaat aus Zweigen, Nadeln und anderen „Baumaterialien" errichtet, ist bis zu einem Meter hoch. Unter dem Wetterschutz, der gleichzeitig als Wärmespeicher und Klimaanlage funktioniert, reicht der Bau bis zu zwei Meter tief ins Erdreich. Im Inneren des Nestes werden unter der Erde die Eier von der Königin abgelegt. Zur aufwändigen Brutpflege gehört das Belecken der Eier, damit sie nicht von Pilzen befallen werden. Später werden die ewig hungrigen Maden scheinbar ständig gefüttert. Zudem werden sie, zwecks Körpertemperaturausgleich, im Bau immer hin- und hergetragen. Bald können sie sich verpuppen und haben dann bis zu sechs Lebensjahre vor sich. Eine Ameisenkönigin kann sogar bis zu 20 Jahre alt werden – ein für Insekten sehr hohes Alter.

Sensibilisiert für die Kleintiere des Waldes erreichen wir den Platz, wo der Aussichtsturm gebaut wird. Von hier aus werden wir u. a. die riesengroße Halle des „Cargo Lifters" sehen können. Auf dem Gelände selbst, schräg gegenüber, sehen wir die Suhle. Hier befreien sich die Wildtiere beim Schlammbad von kleinen, lästigen Plagegeistern. Wildschweine lieben das Wühlen im feuchten Waldboden ganz besonders. Hier am *Wildschweingehege* treffen wir auch oft auf den eitlen Pfau, der kommt um Maiskörner aus dem Futterautomaten abzustauben. Gegenüber vom Schwarzwildgatter, vorbei an einer kleinen Schutzhütte, kommen wir zu den *Volieren* der Raubvögel. Unglaublich, aus welcher Flughöhe sie ihre Beute erkennen können. Und der krumme Schnabel des weißen Uhus erinnert eher an Wellensittich Willy, weniger an eine echte Waffe der Wildbahn.

Wieder zurück beim *Schwarzwild* gehen wir rechts zu den Auerochsen und ihren Nachbarn, den scheinbar riesigen Wisenten. Wir bleiben einfach stehen. Die Kinder haben längst begriffen, dass sich Geduld während der Beobachtungen auf alle Fälle lohnt. Wer ruhig an einem Platz verweilt, macht erstaunliche Beobachtungen. Es ergeben sich für junge Fotografen sehr gute Gelegenheiten, die Tiere zu knipsen.

Wir gehen weiter geradeaus zum großen Futterplatz. Wer bei den Wildschweinen einen großen Bogen um den Futterautomaten gemacht hat, sollte hier mindestens eine Münze einwerfen. Die Tiere kennen den Automaten nämlich viel besser als wir Besucher. Sie schaffen es mit unglaublicher Zungenakrobatik, den begehrten Mais vor uns aus dem engen Schacht zu fischen.

Der ganz große Lohn für kleine Morgenmuffel sind die Beobachtungen am „großen Futterplatz". Jeden Tag wird hier pünktlich um 11.00 Uhr gefüttert. Eilig kommen die Mufflons mit ihren Schneckenhörnern, das Rot- und Damwild stellt sich ein. Die Zwergziegen sind auch immer mit von der Partie. Sie haben auch keine Scheu, mal in einen Rucksack oder eine abgestellte Kameratasche zu schauen – könnte ja Futter drin sein.

Jetzt gehen wir Richtung *Wolfsgehege*. Hier treffen wir auf die Vorfahren unserer Hunde. Von den Wölfen lernen wir viel für die Hundeerziehung daheim. Denn wer aufmerksam beobachtet, bemerkt schnell, wer in diesem Rudel das Leittier ist. Was die anderen so alles tun, um ihrem Alphawolf zu gefallen...

Ein Stückchen weiter bergauf, weiter vorbei an den Wölfen, kommen wir endlich zum Gehege der *Braunbären*. Sie haben den größten Teil ihres Lebens hart im Staatszirkus der ehemaligen DDR für jeden Applaus gearbeitet. Jetzt können sie, dank guter Zusammenarbeit von Tierfreunden und Wildparkbetreibern, ihre nächsten Jahre in einem eigenen Gehege rund um den Zirkuswagen leben. Sogar ihre ehemaligen Dompteure kommen einmal in der Woche, um die braunen Teddys zu besuchen.

Wir gehen zurück, halten uns links und kommen vorbei an den Fischteichen, der Mühlenruine und gehen Richtung Spielplatz. An den Fischteichen können wir Libellen, Vögel, ja sogar die Fische selbst beobachten. Wer macht das schönste Foto? Jetzt aber auf zu den Pferden und dem Kinderzoo. Bambi und Co. wollen ja gestreichelt sein, bevor wir auf dem Spielplatz toben gehen. Gleich nebenan kann schon mal jemand unser Picknick auspacken.

Wie kommt man nach Johannismühle?

Bahn: Strecke Berlin – Dresden, Klasdorf (von dort 700 m)

PKW: Autobahn A 13, Abfahrt Baruth/Glashütte über Glashütte, Klasdorf nach Johannismühle (sehr gut ausgeschildert); Nebenstrecke B 96; Parkplatz sehr sonnig

Wildpark Johannismühle

Auskünfte:	Johannismühle 2
	15837 Klasdorf
	Telefon 03 37 04/9 70 11
	Telefax 03 37 04/9 70 25
Internet:	www.wildpark-johannismuehle.de
Öffnungszeiten:	in der Sommerzeit 10.00 – 18.00 Uhr
	in der Winterzeit 10.00 – 16.00 Uhr
	montags Ruhetag
	15. November bis 1. Januar für Publikum geschlossen
Eintritt:	Erwachsene DM 8,50
	Kinder (3 bis 7 J.) DM 3,00
	Kinder (7 bis 15 J.) DM 5,00
	Familienkarte DM 25,00
Einkehr:	Gastronomie im Kastaniengarten und im Eingangsbereich, neben dem großen Spielplatz

Tipps:
Es gibt keinen Parkplatz im Schatten, also den Picknickkorb gut vor Wärme schützen und den Hund (darf nicht mit in den Park) zu Hause lassen. Wer die ruhige Idylle für den Familienurlaub liebt, kann sich das kleine Jagdhäuschen auf dem Gelände mieten. Besonders beliebt ist der Herbst, weil die Hirsche dann in der Brunft sind und toll zu beobachten sind. Last but not least – wer nicht laufen mag, meldet sich rechtzeitig für eine Kremserfahrt durch den Wildpark und den angrenzenden Forst an.

Der Erfinder der Thermoskanne 26

Lernort Glashütte – ein Ausflugsziel für Wissbegierige und Gartenzwerge

Ein ganz ungewöhnliches Museumsdorf liegt etwa 64 Kilometer südöstlich von Berlin im Landkreis Teltow-Fläming. In und um **Glashütte** verwirklicht ein Verein die Idee, mehr als „nur" ein Traditions- oder Museumsdorf zu sein. Tatsächlich sucht das Dorf sogar noch Einwohner. Kontaktfreudige Handwerkerfamilien bevorzugt! Schließlich kommen gerade im Sommer große Besucherscharen am Gartenzaun vorbei, um an Backofentagen (am Wochenende) den köstlichen Kuchen oder die frisch gebackenen Brote aus dem Dorfbackofen zu verkosten. Schon für die Glashüttenarbeiter waren solche Backtage einst ein willkommener Höhepunkt nach einer arbeitsreichen Woche. Unter freiem Himmel, am Dorfbackofen, versammeln sich heute Leckermäuler, die selten von harter, körperlich anstrengender Arbeit geplagt sind. Nachdem der Ofen angeheizt ist, werden etwa 55 Brote und sieben Bleche Kuchen darin gebacken. Diese köstlichen Düfte treiben sogar manchem Schulbrotmuffel das Wasser im Munde zusammen. Zwischenzeitlich spielt man selbstmurmelnd vor dem Kräutergarten auf dem Spielplatz.

Von den Bäckern zu den Handwerkern. In Glashütte zeigen selbstverständlich auch **Glasbläser** ihr Können. Und Kinder sind eingeladen, sich selbst in diesem Handwerk auszuprobieren (Anmeldung). Im kleinen Museum lassen sich einfach die notwendigen Arbeitsschritte nachvollziehen. Schaukästen, Video und jede Menge netter Museumsmitarbeiter verhelfen zu neuen, glasklaren Erkenntnissen. Anschaulich lassen wir uns erklären, wie und warum Thermoskannen funktionieren. Und vor dem Glasschaukasten erkennen wir deutliche Unterschiede im Design der Warmhaltekannen. So manch erstauntes Kindergesicht zeigt sich vor der Vitrine: „So sieht die Kaffekanne in Omas Küche aus!"

Gleich neben dem Museum findet sich die alte **Glasschmelze** – längst sind die Glasmassen erkaltet und ein neuer, kleinerer, aber funktionstüchtiger Ofen wurde errichtet. Aber beide Öfen haben ihren Reiz: Der große, alte lässt tief blicken. Einfache Lichttechnik leitet den Blick über den riesigen, wie zu Eis erstarrten Glasblock. Kleine Treppchen ermöglichen es auch den kleinsten Besuchern, mal einen Blick in den Ofen zu riskieren. Gut so. Denn der andere Ofen ist ja heiß und wer seinen Besuch auf die örtliche Terminplanung abstimmt, kann hier Glasbläser in Aktion treffen. Mit großen Pustebacken formen sie am Ende ihrer langen Blasröhren aus dem rotglühenden Glasklumpen Gebrauchsgegenstände und Zierrat. Selbstverständlich hat man es auch in diesem Dorf auf das

Taschengeld der Besucher abgesehen. Denn wenn schon nicht die hübschen Dinge aus Glas zum Kauf locken, dann gibt es in der **Töpferei** allerlei Nützliches, im **Hanfhaus** Kräuter-Tabak (THC-frei), Schokolade und Bier aus Hanf, beim Eismann gibt es nicht nur Knoblauch- und Petersilieneis, sondern auch die klassischen Sorten.

Apropros Petersilie. Im **Kräutergarten** finden wir viele unterschiedliche Nutzpflanzen. Hier werden wir liebevoll von der Gärtnerin selbst geführt. Sie erklärt geduldig die Unterschiede zwischen Spearmint, Schokoladenminze und unzähligen anderen Sorten. Und ab und an darf sogar probiert werden. Hier lernen wir, dass man die Blüten der Kapuzinerkresse sogar essen kann, Orangenthymian z. B. schmeckt als Hustenlöser Kindern angenehmer als der „Richtige". Künftige Kräuterhexen können hier lernen z. B. pflanzliches Shampoo herzustellen (Anmeldung). Gleich neben dem Kräutergarten gibt es den **Blindengarten**. Ein Tuch um die Augen und schon geht es los. Wie fühlt sich eine Rose an, wie riecht sie? Was für einen Unterschied beim Ertasten erkennen wir, wenn wir uns anderen Pflanzen zuwenden? Welche unterschiedlichen Temperaturempfindungen haben wir, wenn wir eine Steinmauer, einen Holzzaun erfühlen. Welcher vierbeinige Geselle meckert im Nachbarbeet beim Unkrautzupfen? Mit den nackten Füßen laufen wir einen kleinen extra Weg über Sand, Gras, Stöcke, Kienäpfel, Steine...

Barfuß im Blindengarten – ein sinnliches Erlebnis

In der Töpferei können wir nicht nur schauen, welche Arbeitsschritte nötig sind, um aus einer Hand voll Ton eine schmucke Kakaotasse zu fertigen. Wir dürfen sogar mitmachen (Anmeldung). Samstags sogar ohne Voranmeldung, soweit die Plätze reichen. Von 13.00 bis 14.00 Uhr werden die Kinder vom Töpfer in der einfachen Aufbautechnik unterrichtet. Der Kostenbeitrag von DM 1,00 pro Kind beinhaltet Material, Anleitung und Brennen. Beim nächsten Besuch in Glashütte holen wir unsere Werke dann gebrannt und glasiert ab...

Kurzum: Für jede Altersklasse, bei jeder Wetterlage und zu jeder Jahreszeit findet sich in Glashütte ein entsprechendes Angebot. Allerdings empfiehlt sich bei der großen Zahl der Sonderveranstaltungen ein vorheriger Anruf.

Wie kommt man nach Glashütte?

Bahn: Die nächstgelegenen Bahnhöfe sind Baruth/Mark, RE 5 ab Berlin Stadtbahn. Gruppen können nach Vereinbarung mit dem roten original Londoner Doppeldecker-Bristol (Baujahr 1952) abgeholt werden. Nähere Informationen: Telefon 03 37 04/9 80 90.

PKW: Die Anreise ist über die A 13, Abfahrt 5B, Baruth/Glashütte, oder die B 96 oder die B 115 gut möglich.

Museumsdorf Glashütte

Eintritt:	je nach Veranstaltung
Besichtigung Töpferei:	pro Person DM 2,00 inkl. Führung
Auskünfte:	Verein Glashütte Hüttenweg 15837 Glashütte Telefon 03 37 04/98 09-14, -19, -30 Telefax 03 37 04/98 09-22
Internet:	www.museumsdorf-glashuette.de
Öffnungszeiten:	Museum Glashütte dienstags bis sonntags November bis März 10.00 – 16.00 Uhr April bis Oktober 10.00 – 18.00 Uhr montags Ruhetag

	Aber es gibt Ausnahmen z. B. für angemeldete Gruppen. Die Schauglasproduktion ist montags immer geschlossen.
Eintritt:	Erwachsene DM 10,50 (inkl. Glastier) Kinder DM 6,00 (inkl. Glastier)
Einkehr:	Die Gaststätte „Pottteria" an der Töpferei , hier gibt es Kaffee und köstlichen Kuchen oder die Gaststätte „Reuner" mit preiswertem Mittagstisch.

Gas geben und Spaß haben 27

Mit dem Mo-Kart auf dem Spreewaldring

Fast in einem Atemzug mit der beispiellosen Erfolgsgeschichte der Scuderia Ferrari und der Geschichte der legendären Renn- und Sportwagen wird weltweit der Formel-1-Star Michael Schumacher genannt. Bekanntlich haben die ganz Großen irgendwann einmal klein angefangen. Und wo sollte man den Umgang mit den schnellen Flitzern besser lernen, als auf gut geschütztem Gelände, gepflegter Fahrbahn in flinken Mo-Karts – genau wie die Schumacher-Brüder. Der **Spreewaldring** 40 Kilometer südlich von der Autobahn Berliner Ring ist ein wunderbarer Ort, um einmal in die Haut des jungen „Schumi" zu schlüpfen. Der Fahrspaß, direkt am 250 Kilometer langen *Gurken-Radweg* rund um den Spreewald, kann individuell für die ganze Familie abgestimmt werden.

Früh übt sich...

27

Für die ganz jungen Fahrer gibt es eine extra Mini-Bahn mit schmucken Formel-1-Elektro-Autos und für die noch jüngeren einen tollen Spielplatz. Das Team vom Spreewaldring umsorgt die Gäste aufmerksam. Für Motorenmuffel: Von der Terrasse des „Kart-Inn" kann die Rennstrecke gut eingesehen werden. Schließlich gilt es, vor dem Start die Fahrer einzuweisen. Erst wird der richtige Helm ausgesucht, dann lernen wir unser Fahrzeug kennen. Erst theoretisch. Unser Leihkart hat 6,5 PS, Fortgeschrittene fahren mit rennkartähnlichen 9 PS starken Boliden. Die besonderen Karts für Kinder ab 7 Jahren sind extra gesichert. Schnell können den freundlichen Technikern noch ein paar Fragen zum Reglement gestellt werden und schon geht es los.

Zunächst starten wir zum Warm-up bzw. Zeittraining. Natürlich versuchen wir, die Ideallinie der 800 Meter langen Strecke herauszufinden. So könnten wir später den Kurs am schnellsten durchfahren. Kleiner Tipp: Hier ist der Belag am saubersten und somit zudem noch relativ rutschfest. Durch messerscharfe Kurven und über die Highspeed-Geraden fahren wir wieder Richtung Boxengasse. Derweil wird unsere Startaufstellung ermittelt. Wer darf auf die begehrte Poleposition? Stehen alle Wagen dann auf ihrem Platz, gibt eine grüne Flagge am Ende des Feldes dem Starter das Zeichen, dass er mit der Startprozedur beginnen kann. Nun schaltet der Starter die Startampeln oberhalb der Rennstrecke ein. Bei grünem Licht fahren die Karts los. Es ist ein wirklicher Spaß für Jung und Alt! Wer im Fahren ungeübt ist, wird den Streckenrekord kaum brechen. Überhaupt zeigt die Erfahrung des Spreewaldring-Teams, dass kaum jemand versucht seine Leistungsgrenze als Gastfahrer zu erreichen. Im Gegenteil. Auf der Strecke benimmt man sich rücksichtsvoll gegenüber den anderen Fahrern und den eigenen Kräften. Dann endlich, nach gut zehn Minuten Fahrt sehen wir die schwarzweiße Zielflagge. Ab in die Box. Hier wurde das Rennen mit entsprechender Technik gemessen. Mit dem Ausdruck verschwinden wir entweder auf die Terrasse oder ins „Kart-Inn", um wie die richtigen Rennfahrer noch „Benzin zu quatschen". Oder lassen uns standesgemäß mit Helm unterm Arm auf dem Siegertreppchen fotografieren. Jetzt ist es an der Zeit, uns gegenseitig für ausgeklügelte Renntaktik zu bewundern.

Wie kommt man nach Waldow?
Bahn: RE bis Schönwalde, Bahnhof Brandt, dann Bus bis Waldow, oder Taxi

PKW: A 13 Richtung Dresden/Cottbus, Abfahrt Staakow/Golssen; Richtung Golßen links der Beschilderung „Waldow Go-Kart-Bahn" folgen

Auskünfte:	Tourist-Info
Dorfstraße 52
15910 Schlepzig
Telefon 03 54 72/58 88
Telefax 03 54 72/58 85
Internet:	www.unterspreewald.de
e-mail:	amtunterspreewald@t-online.de

Spreewaldring Kart Center GmbH

Auskünfte:	Waldhaus 1
15910 Waldow
Telefon 03 54 77/40 40
Telefax 03 54 77/3 89
Internet:	www.kart-center.de
e-mail:	info@kart-center.de
Öffnungszeiten:	täglich 10.00 – 22.00 Uhr
In der dunklen Jahreszeit leuchtet die große Flutlichtanlage (20 000 Watt) die Bahn sehr gut aus.
Fahrpreise:	Jugendliche und Erwachsene
montags bis freitags
12 Minuten   DM 20,00
samstags und sonntags
10 Minuten   DM 20,00
Kinder, die Mini-Kart fahren   DM 15,00
Jeden Mittwoch 10.00 bis 22.00 Uhr Happy Hour.

Gurken

Auskünfte:	Der Spreewaldhof
Spreewaldkonserve Golßen GmbH
Bahnhofstraße 1
15938 Golßen
Telefon 03 54 52/38 90
Telefax 03 54 52/7 07

Der Spreewaldhof ist einer der größten Verarbeiter der echten Spreewaldgurke. Besichtigung nach Voranmeldung möglich.

Einkehr: Gaststätte „Kart-Inn" (auf dem Gelände)
Waldhaus 1
15910 Waldow
Telefon 03 54 77/40 50

„Zur Spreewälderin"
Motel und Restaurant
Luckauer Straße 18
15938 Golßen
Telefon 03 54 52/1 55 00 und 38 70
Telefax 03 54 52/3 87 99

Tipp:
Der Spreewaldring ist ein guter Auftakt für einen spannenden Kurzurlaub. Wer bei der „Spreewälderin" in Golßen übernachtet, fährt am nächsten Tag über die B 96 nach Glashütte (siehe Kapitel 26) und zum benachbarten Wildpark Johannismühle (siehe Kapitel 25).

Kartenempfehlung:
Gurken-Radweg, vom Tourismusverband Spreewald e. V., Lindenstraße 1, 03226 Raddusch, Telefon 03 54 33/7 22 99, Telefax 03 54 33/7 22 28.

Internet: www.spreewald-tourismuszentrale.de

Feuchtfröhlich im Biosphärenreservat Spreewald

In Schlepzig zur Ausstellung „Unter Wasser unterwegs"

Ein kleines Volk ohne Staat lebt als eigene autonome Nation innerhalb der deutschen Grenzen. Das Brauchtum der Sorben, einer slawische Nation, lebt im Spreewald fort. So tragen die Ortsschilder vorrangig im Oberspreewald zwei Namen und nach längst vergangenen Germanisierungsbestrebungen gehört das sorbische Brauchtum zu den nicht nur von den Touristen geschätzten Besonderheiten des Spreewaldes.

Längst hat sich der Spreewald als Paradies zu Himmelfahrt einen Namen gemacht. Da wird getrunken, gejohlt und auf die Pauke gehauen. Mancher Spreewaldkahn soll beim Schunkeln gekippt sein, weil die zumeist männlichen Insassen eben zu viel Alkohol hinter kippten. Kinder dürften am Vatertag im Spreewald wenig Spaß haben. Was soll's, die übrigen 364 Tage im Jahr können nicht nur kurze Menschen hier allerlei entdecken, dann fühlen sich Familien hier richtig wohl. So zum Beispiel in **Schlepzig**. Irgendwann Ende März oder bis zum April kommen die Störche ins Dorf, um zu brüten. Im August sammeln sie sich und ziehen in wärmere Regionen, um zu überwintern. Doch bevor wir uns den Störchen und einem schönen Spaziergang widmen, gehen wir auf eine andere Erlebnistour. Das **Schlepziger Informationszentrum** des Biosphärenreservats Spreewald lädt mit der Ausstellung „Unter Wasser unterwegs" in der alten Mühle zur abwechslungsreichen Erkundung von angepassten Lebensräumen. An der Tür werden die Knirpse von dem kindshohen Plaste-Ochsenfrosch „Bully" begrüßt. Dann passieren die Besucher einen meerfarbenen Vorhang, tauchen ein in die Unterwasserwelt der Spreewälder Fließe.

Wir sind angekommen in der Welt der Wasserflöhe, Hechte, Libellenlarven und Seerosen. Über uns gleitet ein Spreewaldkahn, an der Decke schweben Hecht und Fischotter. Wasserflöhe, die wir sonst kaum mit bloßem Auge erkennen können, sind in 150-facher Vergrößerung plastisch dargestellt. Faszinierend, wenn man sich vorstellt, dass es die kleinsten Bewohner sind, die den Anfang der Nahrungskette bilden, an dessen Ende dann Otter oder Mensch stehen. Im hinteren Raum erfahren wir noch mehr über den Artenreichtum im Biosphärenreservat. Vorbei an Luftaufnahmen, Lehrtafeln und Anschauungsmaterial gelangen wir zu zwei Rechnern. Am Computer probieren wir uns als Leiter eines solchen Reservats und treffen auf scheinbar unüberwindbare Hindernisse. Kinder und Jugendliche gehen ganz selbstverständlich mit der Simulation um. Ein paar Tasten gedrückt und schon geht es los. Was für eine

Schutzzone spricht, haben wir längst begriffen, aber welche Argumente zählen bei Entscheidern, die eigentlich andere Interessen haben? Braunkohleabbau kontra Fließe? Oder wurde die Fließgeschwindigkeit der kleinen Bäche durch Kultivierung gesenkt und deshalb sinkt der Wasserspiegel? Die Animationen vermitteln spielerisch Lerninhalte.

Im Vergleich zum Oberspreewald hat der Unterspreewald einen hohen Waldanteil, durchzogen von vielen Wasserarmen. Ein Paradies für Frösche, Kröten und andere. Mindestens 18 000 Pflanzen- und Tierarten leben in dieser Landschaft. Wassernuss, Knabenkraut, Sonnentauarten oder Orchideen, die zu den bestandsgefährdeten Pflanzen auf den Roten Listen zählen, leben hier. Muscheln, Schnecken, Lurche und Kriechtiere leben in und an den Fließen. Störche kommen jedes Jahr zurück an den für sie reich gedeckten Tisch. Nach der ausführlichen Besichtigung der liebevoll eingerichteten Station, wollen die Kinder in den Spreewald. Es zieht sie an die frische Luft und wir wollen auf unserem Weg Ausschau nach Meister Adebar in der freien Wildbahn halten.

Ein Muss für jeden Spreewald-Besucher: die Kahnfahrt

28

Die alte Mühle im Rücken laufen wir links über die Brücke die Straße auf dem schmalen Gehweg an der rechten Seite hoch und entdecken die ersten Horste im **Storchendorf Schlepzig**. Ganz nebenbei haben die Kinder längst Hinweisschilder für die nächste Ausstellung entdeckt. Ein kleiner Abstecher in das **Agrarhistorische Museum** lohnt sich nicht nur zu den aufs Jahr verteilten besonderen Anlässen. Auf dem Bauernhof ist das Wohnhaus originalgetreu eingerichtet. Rund um die Scheunen, den Kuh- und den Schweinestall gibt es viele Dinge wie landwirtschaftliche Geräte und Maschinen. Zeitweilig wird im Backhaus sogar Brot und Blechkuchen nach traditioneller Weise gebacken. Wer noch mehr Spreewald erleben will, dem sei das Buch „Mit Kindern im Spreewald" von Heinz Pflanz empfohlen. Wir biegen noch vor dem Museum rechts hinter dem alten Feuerwehrhaus auf den ausgeschilderten Wanderweg ein. Auf der gegenüberliegenden Straßenseite sehen wir eine Storchenfamilie mit den Jungen auf der alten Linde, einem der selten gewordenen Baumhorste. Es ist ein Teil des *Naturlehrpfades*, der den Störchen gewidmet wurde. Zehn Horste gibt es alleine in Schlepzig. Zum Teil sind es Kunsthorste, aber es gibt auch Bäume, die den Störchen Quartier bieten. Man hat sich vielerorts in Brandenburg auf die Vögel eingestellt und mit extensiver Landwirtschaft nehmen manche Bauern auf den ökologisch wertvollen Lebensraum der bedrohten Tierart Rücksicht. Da die Landwirte kurz- und mittelfristig keine so hohen Gewinne wie bei der intensiveren Form der Landnutzung einfahren, werden sie finanziell vom Land unterstützt. Der kleine Spaziergang führt uns bald wieder an eine Weggabelung und wir gehen rechts ab, bald überqueren wir ein kleines Fließ. Jetzt haben wir einen herrlichen Blick auf die Landschaft. Etwa im Juli werden die jungen Weißstörche flügge und machen ihre ersten Start- und Landeversuche, damit sie im August fit sind für den langen Flug nach Afrika. Wer viel Fliegen will, braucht viel Kraft und so treibt der Hunger erst die Elterntiere raus auf die Wiesen, Äcker und an die Gräben, damit die Jungen gut versorgt sind und kräftig werden. Und zu fortgeschrittener Jahreszeit können wir sie bei der gemeinsamen Nahrungssuche mit den Jungtieren auf den Feuchtwiesen beobachten. Auf der Speisekarte von Meister Adebar stehen vor allem Mäuse, Frösche, Lurche, Heuschrecken und andere Kleintiere. Wer einen Feldstecher dabei hat, wird sicher auch den einen oder anderen Kranich oder zu anderen Zeiten eher Wildgänse auf der Tour entdecken. Auch viele Vogelarten wie die Feldlerchen und Kiebitze brauchen Äcker und Wiesen als Brutstätte und Speisekammer. Und nicht zuletzt nutzen die großen Greifvögel wie Mäusebussard, Rohrweihe und Rotmilan diesen Landstrich als Jagdgebiet.

Wir laufen weiter vor und kommen an eine Weggabelung, die uns rechts ab zurück in den Ort und geradeaus zum Informationszentrum des Biosphärenreservats Spreewald führt. Wir kommen rechts vorbei an einer Gaststätte, die mit ihrer Terrasse direkt an der Hauptspree zum Verweilen einlädt. Wer mag, kann noch ein Stückchen nach links laufen, über die Brücke rüber, und sich dann gemütlich auf dem Holzbohlensteg niederlassen, um bei einem gemütlichen Picknick die Spreekähne zu beobachten.

Wie kommt man nach Schlepzig?
Bahn: Bus 706 Lübben – Alt Schadow, Bus 711 Lübben – Neuendorfer See (montags bis freitags); An- und Abreise mit PKW, Taxi, Kremser ist wesentlich einfacher

PKW: BAB 13, Abfahrt Freiwalde über Schönwalde und Krausnick, von Lübben über die B 87, von KW über die B 179, Abzweig Neulübbenau/Schlepzig, vor dem Ortseingang links großer Parkplatz

Wegstrecke: 1 Std.

Auskünfte: Tourist-Info Unterspreewald
Dorfstraße 52
15910 Schlepzig
Telefon 03 54 72/58 88

Biosphärenreservat Spreewald

Auskünfte: Außenstelle Schlepzig/Naturwacht
Unterspreewald
Dorfstraße 52
15910 Schlepzig
Telefon 03 54 72/6 48 98
Telefax 03 54 72/89 21 40

Öffnungszeiten: April bis Oktober
täglich   10.00 – 17.00 Uhr
November bis März
montags bis freitags   10.00 – 16.00 Uhr
oder nach Vereinbarung

Eintritt: frei

Agrarhistorisches Museum in Schlepzig

Auskünfte: Dorfstraße 26
15910 Schlepzig
Telefon 03 54 72/2 25

Öffnungszeiten:	April bis Oktober	
	dienstags bis sonntags	10.00 – 16.00 Uhr
	November bis März	
	montags bis freitags	10.00 – 16.00 Uhr
Eintritt:	Erwachsene	DM 4,00
	Kinder	DM 2,00

Tipp:
Ab Schlepzig sind Spreewald-Kahnfahrten möglich. Informationen gibt es z. B. bei den Kahnfährmännern Jörg und Werner Lehmann, Dammstraße 6, 15910 Schlepzig (Telefon und Telefax 03 54 72/2 39). Die Preise vorab erfragen! Bezahlt wird die Fahrt nach Anzahl der Stunden und pro Fahrgast. Im kleinsten Kahn der Firma haben 16 Personen Platz, bei „Unterbesetzung" gibt es einen Stundenpauschalpreis.

In der Computersimulation darf jeder einmal die Rolle eines Reservatsleiters übernehmen.

29 Wasserspaß und Saunabad

Im Spreewald an den Strand von Lübbenau

Ja, im Spreewald kann man auch wunderschön Kahn fahren. Eine Möglichkeit wäre z. B. vom Bahnhof den Schildern entlang der "Poststraße" Richtung Nikolai-Kirche und Kahnfährhafen zu folgen. Im Anschluss lohnt sich ein kurzer Besuch im nahe gelegenen **Schlosspark**. Wer mag, wandert weiter in östliche Richtung am Campingplatz vorbei, entlang des Lehder Fließ und gelangt so zum **Gurken- und Bauern-Museum** sowie zum **Freiland-Museum** in Lehde. Einer, der wohl jeden Stein im Spreewald umgedreht hat und schöne Touren für Kinder zusammenstellte, ist mein Kollege Heinz Pflanz. In seinem Buch "Mit Kindern unterwegs – Im Spreewald" gibt er weitere wertvolle Ausflugstipps, um die Gegend per pedes genauestens zu erkunden.

Jenseits der Wanderungen durch die Natur gibt es für Kinder und Erholungssuchende eine neue wunderbunte Plastikwelt, die zum Baden einlädt. Wir laufen entlang der "Bahnhofstraße" bis zu den Schranken, biegen nach links in die "Straße des Friedens" ein und gehen vor bis zur Straße "Alte Huttung". Wir kommen vorbei an der Rollschuhbahn und dem Verkehrsgarten und sehen vor uns auf der linken Seite den Parkplatz des Kristallbades.

Die Kinder haben hier einfach Spaß und sinken abends erschöpft ins Bett – wie im Urlaub. Schließlich verbreiten die tropischen Pflanzen und hübsch arrangierten Halbedelsteine des **Lübbenauer Kristallbades** unter der licht- und sonnendurchlässigen Kuppel die entsprechende Atmosphäre zu jeder Jahreszeit. Das besondere Ambiente wurde im Kristallbad durch die mehreren Tonnen verbauter Halbedelsteine geschaffen. Aber für den einzigartigen Wohlfühlaspekt sorgen die freundlichen Mitarbeiter, die mit wachem Auge auf das Wohlergehen ihrer Gäste achten.

Im Mutter-Kind-Bereich mit 33 °C Wassertemperatur können sich die jüngsten Besucher amüsieren. Gerne spielen die Kinder an den beiden Rutschen oder probieren die Wasserspielgeräte aus. Die Kinder wissen sofort, was mit dem poppig bunten Spielgerät anzufangen ist. Also lehnen sich die Eltern bequem im Liegestuhl zurück und beobachten das Geschehen in der Anlage.

Ältere Kinder entwickeln erstaunlich schnell ein "extra-Ohr" für den Gong, der für das *Wellenbad* mit 30 °C Wassertemperatur den halbstündlichen Wellengang ankündigt. Dann geht es ab in die Fluten. Oder sie toben im *Wildwasserstrudelkanal* und lassen sich fast bis zur Erschöpfung im Kreis treiben. Danach machen die jungen Besucher halt gelassen Bewegungspausen im großen Ganzjahres-Außenbecken, legen sich im Sommer auf die Liegewiese oder bleiben im warmen Wasser und schauen dem Dampf zu, der wie ein Nebel über der Wasseroberfläche schwebt. Die beiden Riesenrutschen machen vor allem Schulkindern besonders viel Spaß. Ein Ampelsystem regelt den Rutschverkehr. Am Ende der Rutschpartie speit uns der „Grüne Hai" aus seinem meeresgrün farbenen Schlund oder wir kommen im Wasserbecken des „Killerwals" sicher an, um dann schnell wieder über die Wendeltreppe zu den Eingängen zu gelangen. Um noch einmal schnell durch den schwarzen Tunnel zu rutschen, streckenweise begleitet vom imaginären Blitzgewitter und der dumpfen Akustik des Plastikschlauchs, um dann mit lautem Gekreisch im Auffangbecken des Killerwals zu landen. Das **Römische Thermalbad** mit 35 °C Wassertemperatur, schräg gegenüber, lädt zum Aufwärmen ein. Kinder haben Gefallen an den vielen Massagedüsen und -bänken. Beliebt ist auch der *Whirlpool* neben dem Wellenbad. Gemütlich umstrudelt, lässt sich aus diesem Becken an den Abenden von Oktober bis April die *Lasershow* sehr gut beobachten.

Viel Spaß mit dem Grünen Hai!

29

Im *Saunadorf* kommen Eltern und Kids ins Schwitzen. Durch eine schlichte Glastür, noch einmal um die Ecke und wir gelangen in den textilfreien Bereich. Von hier aus können wir ins *Solebecken* oder in die drei großen Saunen oder zur ungewöhnlichen Außenanlage gelangen. 300 Jahre alte Bauernhäuser wurden im österreichischen Kärnten ab- und im Lübbenauer Kristallbad wieder aufgebaut. Inzwischen ist der Innenbereich dieser Bauernhäuser mit moderner Saunatechnik ausgestattet. Getreidespeicher und Sennhütte sind aufgebaut und ein kleiner Bach, der Dorfbach, mündet in einen See. Ein romantisches Gesamtbild vor dem Hintergrund der Schwimmhalle. Insgesamt gibt es neun Saunen im Bad. Da wäre zum einen die *Eukalyptussauna*, die mit ihrem Geruch an Erkältungscremes und Hustensaft erinnert und eine echte Wohltat nicht nur für die Atemwege ist. In der *Edelsteinsauna* schmückt ein großer Amethyst den Raum und Farb- und Lichtreflexe sollen sich positiv auf das Gemüt der Badenden auswirken. Kinder lieben die alte Mühle mit der *Heusauna*. Was stellt man sich nun darunter vor? Der Besuch lohnt sich alleine schon, um herauszufinden, was sich hinter diesem und anderen wohlklingenden Namen wie *Spreewald-Erdmeiler-Sauna*, *Gurkensauna* oder *Zitronensauna* an Gerüchen, Temperaturen und unterschiedlicher Luftfeuchtigkeit verbirgt.

Das Solebecken im Innen- und Außenbereich hat 35 °C Grad Was-sertemperatur und Strudler an Wand und Boden für angenehme Massageeffekte. Da wir die finnische Saunatradition mit bis zu drei Mal Schwitzen, Abkühlen, Ausruhen längst kennen und schätzen, mag die orientalische Variante für manche recht neu sein. Ein osmanischer Herrscher entwickelte mit islamischen Religionslehrern eine Badekultur mit dem Namen Hamam (Wärme). Die Badenden übergießen sich nach Lust und Laune immer wieder mit angenehm temperierten Wasser. Langsam werden die Gelenke und Muskeln gelockert und der Badegast geht sauber und erfrischt. Doch die Krönung ist es, wenn ein Reisender sich eine Seifenmassage im Hamam gönnen kann. Auf dem marmornen Schwitzstein genießen die Badenden zunächst die wohltuende Strahlungswärme, weichen ihre Haut systematisch ein. Danach folgt traditionsgemäß das Ganzkörper-Peeling durch den „Tellak", einem türkischen Masseur. Dabei werden die abgestorbenen Hautschüppchen mit einem besonderen Seiden-Waschlappen vom Körper abgerubbelt, während der Badegast entspannt. Das Ganzkörperpeeling kostet hier mit anschließender Seifenmassage extra. Das Extra lohnt sich besonders für geplagte Seelen und neugierige Saunagäste. Pubertierende Jünglinge werden nach der Massage mit einem kräftigen Klaps auf den Po in die Realität zurückgeholt. Der Ruheraum, ein großer Whirlpool, das Tauchbecken mit dem eisig kalten Wasser und die Solarien runden neben der einfachen Gastronomie das Angebot ab.

138

Wie kommt man nach Lübbenau?
Bahn: RE 2 bis Lübbenau

PKW: BAB 13/36 bis Abfahrt Lübbenau; Parkplätze kostenlos

Auskünfte:	Tourist-Information
	Ehm-Welk-Straße 15
	03222 Lübbenau/Spreewald
	Telefon 0 35 42/36 68
	Telefax 0 35 42/4 67 70
Internet:	www.spreewald-online.de

„Kristall" – Kur- und Freizeitbad Lübbenau GmbH

Auskünfte:	Alte Huttung 13/Ecke Straße des Friedens
	03222 Lübbenau/Spreewald
	Telefon 0 35 42/89 41-60
	Telefax 0 35 42/89 41-66
Internet:	www.kristallbaeder.de

Öffnungszeiten und Eintritt:
Wegen der vielfältigen Kombinationsmöglichkeiten bitte vorab erfragen.

Spreewald-Museum Lübbenau/Lehde

Auskünfte: Telefon 0 35 42/26 82

Öffnungszeiten: 1. April bis 15. September
dienstags bis sonntags   10.00 – 18.00 Uhr
16. September bis 14. Oktober
dienstags bis sonntags   10.00 – 17.00 Uh

Eintritt:	Erwachsene	DM 6,00
	Kinder (bis 14 J.)	DM 2,00
	Jugendliche (ab 14 J.)	DM 4,00

Kartenempfehlung:
1 : 15 000 Lübbenau/Spreewald VSK Verlagsgesellschaft
    Stadtplan und Kreiskarte mbH

30 Sterntaler ein kleines Stückchen näher

In Herzberg zum Wasserturm mit Sternwarte

An der Schwarzen Elster liegt das schöne Städtchen **Herzberg**. Knapp 60 Kilometer fließt die Namensgeberin durch ihr Elbe-Elster-Land. Es liegt zwischen dem Mittellauf der Elbe und den Lausitzer Höhen, wo die Schwarze Elster am Nordrand des Sybillensteins bei Elstra in der Niederlausitz entspringt. In Sachsen mündet der Fluss in die Elbe. Geprägt ist die Region im Südwesten Brandenburgs von Laub- und Kiefernwäldern, Auenlandschaften und Moorgebieten. Der „**Naturpark Niederlausitzer Heidelandschaft**" und seine Umgebung bieten zahlreiche Gelegenheiten für Wandertouren, die an schönen Dörfern und den typischen Vierseithöfen vorbei führen.

Wir laufen vom Bahnhof rechts bis zur Marx'schen Villa. Gleich nebenan entdecken die Kinder den **Botanischen Garten**, in dem zu jeder Jahreszeit Pflanzen blühen. Ein besonderes Erlebnis ist es, im Winter mit den Kindern durch diesen Garten zu gehen, denn hier wartet die eine oder andere Überraschung. Mit großem botanischem Fachverstand sammelte der Fabrikant Wilhelm Marx einst eine Vielzahl heimischer und exotischer Pflanzen.

Den Eingang des Botanischen Gartens im Rücken laufen wir links hoch und gelangen über eine kleine Brücke zum Stadtpark gegenüber. Am Eingang finden wir den *Wunderstein*. Doch was will er uns sagen? Der Trick: Die Inschrift von hinten lesen. Gleich nebenan links ist das *Kurbad*.

Von der „Badstraße" kommen wir rechts ab in die „Rosa-Luxemburg-Straße" und wenige Meter weiter links ab in die „Magisterstraße". Am Ende der Straße laufen wir rechts in die „Südpromenade", laufen links in die „Torgauer Straße", dann gehen wir vor bis zum Ende der „Lugstraße". Wir nähern uns 51 Grad 41'39" nördlich gelegener geographische Breite und 13 Grad 13'51" östlich gelegener geographischer Breite.

Wer sieht zuerst den Wasserturm? 1960 wurde hier eine Beobachtungsstation auf dem **Wasserturm** (37 Meter) für Schüler eröffnet. Die Beobachtungsmöglichkeiten wurden zwischenzeitlich immer wieder modernisiert und für Vorführungen erweitert. Herzstück von **Planetarium und Sternwarte Herzberg** ist u. a. ein stationäres Spiegelteleskop für die Sternenbeobachtung. Es ist auf der sanierten 3-Meter-Kuppel mit hydraulischem Antrieb und automatischer Sehschlitznachführung installiert. Das Teleskop wird computergesteuert nachgeführt. Einfach die gewünschten Beobachtungsobjekte eingeben lassen. Wer nachts in die Sterne schauen will, sollte sich unbedingt anmelden und einen individuellen Termin vereinbaren, denn

140

die öffentliche Nutzung der Sternwarte ist nur in begrenztem Umfang möglich. Damit es für Sternengucker im nachherein nicht allzu anstrengend wird, kann man vor Ort eine Übernachtung buchen. Empfohlen sei eine Nacht bei einem der Mitbegründer der Sternwarte, dem inzwischen pensionierten ehemaligen Leiter Klaus Schmidt. Er war Lehrer für Geographie, Astronomie und Physik und kann uns allerhand über den Namensgeber der Sternenwarte „Alexej Leonow" erzählen. Der russische Kosmonaut stieg 1965 als Erster in den freien Weltraum aus. In eben diesem Jahr, als der erste entscheide Schritt eines Menschen im All vollbracht war, wurde die Sternwarte erweitert und das Planetarium kam hinzu.

„Laterne, Laterne, Sonne, Mond und Sterne..."

30

Die vielen unterschiedlichen Veranstaltungen unter der 8-Meter-Kuppel sind für Kinder unvergessliche Erlebnisse. Besucher, die zuvor noch nie in einem Planetarium waren, können sich bei einer der „Einführungsveranstaltungen" mit der Technik und einem „Spaziergang" über den aktuellen Sternenhimmel vertraut machen. Die Kinder lernen, welche wichtigen Naturerscheinungen durch die tägliche und jährliche Himmelsbewegung entstehen. Hat der Mond Einfluss auf die Gezeiten der See? Nach der Vorstellung wissen wir mehr, außerdem beantworten die freundlichen Mitarbeiter vor Ort gerne alle Fragen. Aber wir lernen auch die auffallenden Sternenbilder kennen. Gar nicht unwichtig, denn wer später in romantischer Stimmung den Sternenhimmel betrachtet, kann mit „Schau mal Schatz, da ist der Orion!" beweisen, dass er oder sie weit mehr als nur Hundenamen kennt.

Das ständige Programmangebot des Planetariums umfasst eine breite Palette unterschiedlicher Themen, die kindgerecht aufbereitet sind. Für die jüngsten Besucher (4 bis 8 Jahre) gibt es „Die Geschichte von der traurigen Sonne" oder „Die Maus im Mond". Familien aus der Umgebung nutzen das kulturelle Zusatzangebot gerne als Kinoersatz. In „Ralphs Sternstunde" gehen wir mit einem kleinen Jungen auf eine phantasievolle Reise ins All. Eine schöne Geschichte für Kinder bis neun Jahre. Kinder ab 14 Jahren werden z. B. bei Veranstaltungen wie „Mathematischastronomische Orientierung am Sternenhimmel" oder „Eine Reise durch Zeit und Raum" (ab 16 Jahre) zum Mitdenken angeregt.

Wir gehen vom Planetarium aus rechts zum Wasserturm, den „Wilhelm-Piek-Ring" bis vor zur Grundschule. Dann 100 Meter rechts bis zur Straße „An der Schule", die dann in die „Palombini Straße" mündet. Die kurvenreiche Straße laufen wir bis zu „An den Teichen". An den Teichen gehen wir rechts vorbei und schon stürmen die Kinder zum Eingang der nächsten Herzberger Attraktion. Am Rande des Elsteraue-Naturschutzgebietes, im Süden der Stadt, ist das **Herzberger Tiergehege** gelegen. Auf dem etwa zwölf Hektar großen Gelände gibt es einen Spielplatz und jede Menge Viehzeug zum Anfassen und Beobachten. Vor allem im Frühjahr, wenn die Tierkinder ihre Welt entdecken, machen die Beobachtungen Jung und Alt besonders viel Spaß. Die fleißigen Storcheneltern schaffen Frösche und Lurche für ihre Jungen herbei und das Pony-Fohlen macht wilde Bocksprünge auf der Wiese. Alljährlich organisiert der Tierparkverein am ersten Mai-Wochenende ein großes Tierparkfest. Einst war die Parkanlage ein Teil des Renaissanceschlosses des Grafen von Brühl. Er ließ hier die Fließe des Mühlgrabens und der Lapine zu Teichen und Weihern anstauen. Ob er es getan hat, weil er weiß, wie gerne wir im 20. Jahrhundert Schlittschuh laufen? Denn im

Winter, bei klirrender Kälte, ziehen die Kinder aus der Nachbarschaft ihre Kreise auf den selbst frei gefegten Schlittschuhbahnen. Im Sommer laden die angrenzenden Schlosswiesen zum gemütlichen Picknick.

Wie kommt man nach Herzberg?
Bahn: Herzberg-West (ausgeschildert, 2 km zu Fuß)
PKW: B 87 Torgau – Luckau, oder B 101 Jüterborg – Bad Liebenwerda, (Parkplatz 100 m entfernt an der Grochwitzer Straße)

Auskünfte: Tourismusverband Elbe-Elster-Land e. V.
Markt 16
04924 Bad Liebenwerda
Telefon 03 53 41/3 06 52
Telefax 03 53 41/60 23 42

Planetarium und Sternwarte Herzberg

Auskünfte: Zeiss-Kleinplanetarium im Wasserturm
Lugstraße 3
04916 Herzberg/Elster
Telefon und Telefax 0 35 35/7 00 57

Internet: www.herzberg-elster.de
Stichwort: „Planetarium"
www.herzberger-sternfreunde-ev.de

e-mail: planetarium.herzberg@lausitz.net

Öffnungszeiten: Jedes Wochenende, je nach Veranstaltung (Themen je ein halbes Jahr im Voraus festgelegt), und nach Absprache.

Eintritt: Erwachsene DM 4,00
Kinder, Schüler, Studenten DM 2,00
Einzelveranstaltungen auf Anfrage

Tierpark Grochwitz

Auskünfte: An den Teichen 14a
04916 Herzberg/Elster
Telefon 0 35 35/58 69

Öffnungszeiten:	in den Sommermonaten täglich	8.00 – 19.00 Uhr
	in den Wintermonaten täglich	8.00 – 17.00 Uhr
Eintritt:	frei	

Jugendstilgarten

Auskünfte:	Badstraße 8	
	04916 Herzberg/Elster	
	Telefon 0 35 35/52 97 (Reinhard Straach)	
Öffnungszeiten:	werktags	ab 7.00 Uhr
	sonn- und feiertags	ab 9.00 Uhr
	Mit Einbruch der Dunkelheit wird der Garten geschlossen.	
Eintritt:	frei	

Tipp:
Jedes Jahr zur Weihnachtszeit laufen im Planetarium Sondervorstellungen wie „Der Stern von Bethlehem" und „Die drei Weihnachtssternchen". Ostern erfahren die jungen Besucher „Wie Tom den Osterhasen vom Himmel holte". Wer im schönen Elbe-Elsterland den Sternenhimmel auf eigene Faust beobachten will, kann im Anschluss beim Mitbegründer des Planetariums in himmlisch weiche Federn sinken. Familie Schmidt betreibt eine kleine Pension (Ü-Doppel-/Einzelzimmer, Kinderbett etc.) in der Feldstraße 35, 04916 Herzberg/Elster. Reservierung unter Telefon 0 35 35/32 09.

Kartenempfehlung:
1 : 15 000 Herzberg/Elster, VSK Verlagsgesellschaft
       Stadtplan und Kreiskarte mbH

Der Beginn einer Seenplatte 31

Am Senftenberger Stausee liegt alles dicht beieinander

Heute wandelt sich die Industriestadt **Senftenberg** zu einem Mekka für Familienurlauber. Zu Kaiser Wilhelms Zeiten begann der Braunkohleabbau. Damals entstand so die Grundlage für die „Lausitzer Seenplatte", in deren vollständigen Genuss nachfolgende Generationen in einigen Jahrzehnten kommen werden. Der Anfang ist mit der „Ostsee der Niederlausitz", dem **Senftenberger See**, bereits getan. Dieser und der Helene-See bei Frankfurt/Oder sind die ersten künstlich geschaffenen Seen, die sich wie eine Perlenkette in die Landschaft einfügen sollen. Von Senftenberg hat sich der Bergbau seit Ende der neunziger Jahre verabschiedet. Senftenberg, eine kleine Stadt mit etwa 36 000 Einwohnern, geprägt vom Bergbau, blickt schon jetzt auf eine Zukunft als zugkräftiger Urlauber-Magnet. Denn an ihrem See bieten sich bereits seit Vorwendezeiten Möglichkeiten für aktive Erholung und Freizeitgestaltung sowie neuer Lebensraum für Tiere und Pflanzen.

Den PKW können wir bequem vor dem Tierpark auf dem großen Parkplatz abstellen und unsere Tour hier beginnen.

Einmal über die Straße und gut 200 Meter gelaufen, gelangen wir zum Schloss mit dem **Kreismuseum Senftenberg** am Ufer des Sees. Kinderfreundlich und einfach sind die unterschiedlichen Seiten der Lausitzer Bergbaugeschichte erklärt. Ausgestellt sind neben dem Kirchinventar längst abgetragener Dörfer auch Förderbrücken en miniature, Werkzeug und Schmuckbriketts. Eine echte Attraktion ist das Modellbergwerk im Originalmaßstab. Kaum zu glauben, unter welchen Umständen die Bergarbeiter Kohle förderten. Ein Schacht führt hinab in die düstere Welt unter Tage. Kein Tageslicht und ein stetig bedrückendes Berufsrisiko. Glück auf, Lausitzer Kumpel, Ehre deiner Arbeit! Eigentlich unglaublich, dass früher sogar Kinder im Deutschen Bergbau gearbeitet haben... Zumindest für einen kleinen Moment freuen wir uns von ganzem Herzen über die vielen Möglichkeiten, die unser modernes Bildungssystem für Kinder und Jugendliche bereithält.

Dabei haben wir es im Grunde König Friedrich Wilhelm I. (1713 bis 1740) zu verdanken, dem Sohn von Friedrich I., der unterschiedliche Lehrinstitute unweit seines Regierungssitzes Potsdam gründete. Friedrich Wilhelm I. (Soldatenkönig) schickte alle Kinder im Alter von 5 bis 12 Jahren zur Schule, und dessen Sohn wiederum, Friedrich II., auch „Der Alte Fritz", zwang u. a. Brandenburgs Bauern zum Kartoffelanbau, schaffte die Folter ab und verkündete die Glaubens- und Gewissensfreiheit. Außerdem ließ „Der Alte Fritz" durch Kanalbau den Oderbruch urbar machen.

Den Lausitzer Kumpeln haben wir nicht nur den Strom aus der Steckdose und Dinge des täglichen Komforts zu verdanken, sondern schließlich auch diesen wunderschönen See. Mit seiner bewachten Badestelle (beim Campingplatz) und dem tollen Spielplatz ist aus der ehemaligen Bergbaugrube ein echtes Naherholungsgebiet geworden. Den 1 300 Hektar großen See können wir gut einmal umrunden. Mit dem Rad ist es kein Problem, binnen gut drei Stunden wieder am Ausgangspunkt zu sein. Per pedes sind die 20 Kilometer (15 Kilometer Badestrand, 5 Kilometer davon FKK) nicht so schnell zu bewerkstelligen, aber wer ein paar Pausen einlegt, kommt auch ans Ziel.

Pause – erst mal einen Zwieback knabbern...

Auf unserem Weg auf der Promenade links um den See kommen wir nach etwa acht Kilometern durch ein Türchen in die schon in Vorwendezeiten sehr beliebte **Ferienparkanlage Großkoschen**. Die 300 Bungalows sind in der Saison fast immer ausgebucht. Dennoch: Eine Anfrage in der Rezeption lohnt sich, denn vielleicht ergibt sich spontan die Möglichkeit, in einem der Bungalows preiswert zu übernachten. In der Saison ist die Gaststätte „Seestern" durchgängig geöffnet, so dass wir schnell einen Happen essen können, bevor wir entlang der Hinweisschilder ins Dorf laufen. In Großkoschen selbst gibt es hinter der Kirche auf dem Dorfplatz den **Vierseitenhof** aus dem Jahre 1864. Die Kinder können erleben wie Leinen hergestellt wird, knuspriges Brot aus dem Ofen knabbern und den Kräutergarten inspizieren. Selbst Hand anlegen dürfen die Kinder beim Dreschen und Mahlen des Getreides. Das bringt nicht nur junge Landwirte ganz schön ins Schwitzen! An den Wochenenden gibt es weiterhin spezielle Angebote zu Buttern, Käsen, Färben mit Pflanzen, Spinnen, Filzen, Weben, zum Lehmbau und zum Obstbaumbeschnitt.

Also zurück an den Strand und zum frischen Nass. Die Surf- und Segelschule am Großkoschener Campingplatz betreibt einen Bootsverleih und hat Tretboote, Kanadier, Kajaks und Ruderboote im Angebot. Von hier aus können wir eine Mini-Seefahrt unternehmen. Müde Füße können ab Großkoschen auf Bus oder Schiff umsteigen und so bequem zurück nach Senftenberg gelangen. Auf der „Santa Barbara" lassen wir uns auf dem Oberdeck die lauen Winde um die Ohren wehen. Urlauber nutzen die Möglichkeit auch gerne um Strand-Hopping zu betreiben. Denn die „Santa Barbara" bedient den Linienverkehr auf dem See und pendelt zwischen den Orten Senftenberg, Niemtsch und Großkoschen.

Badenixen und Wellentaucher sind begeistert über die Sichttiefe (bis fünf Meter) und Wasserqualität des Senftenberger Sees, denn sie übertreffen die EU-Richtlinie für Badegewässer. Wenn es für ein Bad im See zu kalt ist, dann bietet Senftenberg mit seinem Erlebnisbad eine Alternative. Großwasserrutsche, Wasserkaskade und Sprudelgrotte sind für Kinder und Junggebliebene eine echte Attraktion. Vielleicht auch eine gute Motivation, um den Rest des Weges um den See mit forschem Schritt zu laufen. Wegweiser führen uns direkt von der Promenade zum Hallenbad. Die Senftenberger Busse fahren von hier aus auch zum Tierpark. Aber eigentlich ist es ab jetzt Ehrensache den Rest der Strecke auf der Promenade – schließlich ist es nur noch eine halbe Stunde Wegzeit – bis zu unserem Parkplatz zu laufen.

Wie kommt man nach Senftenberg?
Bahn: Berlin/Senftenberg, Bus 624 Tierpark Senftenberg

PKW: BAB 13, Abfahrt Ruhland, B 169/B 96

Auskünfte:	Fremdenverkehrsverein Niederlausitzer Seen e. V.
	Touristinformation
	Markt 1
	01968 Senftenberg
	Telefon 0 35 73/1 49 90 10
	Telefax 0 35 73/1 49 90 11

Kreismuseum im Schloss

Auskünfte:	01968 Senftenberg
	Telefon und Telefax 0 35 73/26 28

Öffnungszeiten:	Mai bis September	
	dienstags bis freitags	10.00 – 17.00 Uhr
	samstags und sonntags	14.00 – 18.00 Uhr
	Oktober bis April	
	dienstags bis freitags	10.00 – 16.00 Uhr
	samstags und sonntags	13.00 – 17.00 Uhr

Eintritt:	Erwachsene	DM 4,00
	Kinder (bis 14 J.)	DM 1,00
	Schüler, Auszubildende, Studenten,	
	Behinderte, Arbeitslose	DM 2,00

Tierpark Senftenberg

Auskünfte:	Am Steindamm im Schlosspark
	01968 Senftenberg
	Telefon 0 35 73/29 44

Öffnungszeiten:	Mai bis September	
	täglich	8.00 – 18.00 Uhr
	Oktober bis April	
	täglich	9.00 – 16.00 Uhr

Eintritt:	Erwachsene	DM 3,00
	Kinder	DM 1,00

Erlebnisbad Senftenberg

Auskünfte: Hörlitzer Straße 32
01968 Senftenberg
Telefon 0 35 73/20 92

Öffnungszeiten und Eintritt:
Wegen der vielfältigen Kombinationsmöglichkeiten bitte vorab erfragen.

Einkehr: Gaststätte „Seestern" im Ferienpark
01968 Großkoschen
Telefon 0 35 73/81 10 55

Gaststätte „Schneiders Strandidyll"
an der Schiffsanlegestelle
01968 Großkoschen
Telefon 0 35 73/65 84 77

Vierseitenhof/Museumshof Großkoschen

Auskünfte: Dorfplatz 13
01968 Großkoschen
Telefon 0 35 73/8 14 58

Öffnungszeiten: Mai bis Oktober
dienstags bis freitags 10.00 – 15.30 Uhr
samstags und sonntags 13.00 – 17.00 Uhr

Eintritt: je nach Veranstaltung

Surf- und Segelschule – Surfshop, Bootsverleih

Auskünfte: Campingplatz Großkoschen
01968 Großkoschen
Telefon 0 35 73/79 40 10

Wassersportzentrum Surfrenner
Buchwalder Straße 50
01968 Senftenberg
Telefon und Telefax 0 35 73/79 40 10

Internet: www.wassersport-renner.de

e-mail: klaus-renner@t-online.de

149

Dampferfahrten

Auskünfte:	Reederei Rolf Bothen
	Dresdner Straße 14 d
	01968 Großkoschen
	Telefon 0 35 73/8 12 61

Ferienparkanlage Senftenberger See

Auskünfte: Telefon 0 35 73/8 00-0

Internet: www.senftenberger-see.de

e-mail: reservierung@senftenberger-see.de

Wie kommt der Strom in die Steckdose?

Von Spremberg zum Kraftwerk Schwarze Pumpe

Spremberg (Grodk) ist, wie seine Einwohner, etwas ganz Besonderes. Die einzigartige Insel- und Tallage und die sie umgebende Spreeauenlandschaft trugen mit dazu bei, dass Spremberg einst den Beinamen „Perle der Lausitz" erhielt. 100 Familien siedelten hier nach festgelegtem Plan und legten die Grundsteine für ihre Stadt. Sie betrieben Ackerbau und Viehzucht auf den ihnen zugewiesenen Grundstücken im Umland. Später entstanden in Spremberg zunächst die einzigen Spreebrücken zwischen Bautzen und Cottbus. Die guten Furt-Übergänge begünstigten Zucker- und Salzstraße – wichtige Handelsstraßen. So ist es kein Wunder, dass auch Handwerker zuwanderten und der Handel zum 13. Jahrhundert blühte. Funde belegen es. Wer sich in diesem Zusammenhang für Völkerkunde interessiert, findet im *Niederlausitzer Heidemuseum* im Spremberger Schloss Ausstellungen zur regionalen Forschung, Geschichte, Volkskunde und Kunst. Zusätzlich gibt es in der Parkanlage einen original wendischen Bauernhof als *Freilichtmuseum*. Auch dem Schriftsteller Erwin Strittmatter, seinem Leben und seinen Werken sind Ausstellungsräume gewidmet. Die Romantriologie „Der Laden" beschreibt seine Kindheits- und Jugendjahre in Bohsdorf und Spremberg.

Am Spremberger **Bahnhof** finden wir ausreichend Parkplätze und beginnen unsere Wanderung. Nicht weit entfernt, schräg rechts vor uns, befindet sich der *Stadtpark* mit dem *Bismarkturm*. Die steile Himmelsleiter (ca. 100 Stufen) führt zurück zur „Bahnhofsstraße". Das Bahnhofsgebäude im Rücken gehen wir schräg rechts zur großen Kopfsteinpflasterstraße. Durch die schattige „Bahnhofstraße" oder durch den Stadtpark führt unser Weg über die Brücke nahe des Schwanenteichs zum Marktplatz. Hier befindet sich die *Tourist-Information*. Wir halten uns vorher links, gehen über die Brücke, lassen linker Hand das Niederlausitzer Heidemuseum liegen (hier gibt es einen weiteren kostenlosen Parkplatz) und folgen dem sandgesplitteten Spree-Radweg. Schon bald werden die Kinder das **Weiße Wehr** mit den Stromschnellen entdecken. Über dem Wasser sind die Tore für den Kanu-Slalom aufgehängt. Bei fast jedem Wetter sind Kanuten aus nah und fern vor Ort und trainieren an der östlichsten deutschen Kanu-Slalom-Strecke. Seit 1950 werden hier alljährlich bundesoffene und internationale Wettkämpfe bis hin zu den deutschen Meisterschaften ausgetragen. Ein kleines Stück weiter gelangen wir zur Gaststätte „Kanubootshaus". Kinder und Familien sind gern gesehene Gäste, die den Ausblick auf die Trainierenden von der Terrasse aus gerne genießen. Außerdem lädt die grüne Wiese vor dem Bootshaus zum Umhertollen ein. Im „Kanubootshaus" können wir uns für eine Tour mit dem Spreewaldkahn vormerken lassen und werden ein Stück des Weges flussaufwärts gestakt.

Am Weißen Wehr wird kräftig trainiert

32

Oder wir gehen nach der verdienten Rast den Sandweg weiter an den Kleingärten vorbei immer an der Spree entlang. In **Trattendorf** biegen wir rechts in die asphaltierte „Kraftwerkstraße" ein. Nach dem Kindergarten laufen wir rechts in die „Trattendorfer Straße". An der Kreuzung halten wir uns vor dem Gedenkstein links und folgen dem „Wiesenweg". Nachdem wir die Bahnschienen überquert haben, geht es rechts weiter auf dem ausgeschilderten Radwanderweg Richtung **Braunkohlekraftwerk Schwarze Pumpe**. Immer wieder erhaschen wir einen Blick auf das markante Bauwerk mit den beiden Kühltürmen, aus denen das gereinigte Rauchgas zusammen mit dem Wasserdampf in den Himmel steigt.

Auf dem Gelände angekommen, gehen wir direkt zum Haupteingang. Das *Besucherzentrum* finden wir gleich rechts im Hauptgebäude. In dem hohen, lichten, runden Raum sind unterschiedliche Medien angeordnet. Schnell entdecken die Kinder, dass sie mit einem Tastendruck an den Modellen, Vitrinen und Schautafeln zusätzliche Informationen abrufen können.

Am Tagebaumodell erfahren wir von den Aufgaben und der harten Arbeit der Lausitzer Kumpel. Lange bevor Kraftwerke und Industrie sich an diesem Standort ansiedelten, trafen sie sich hier in einer Kneipe namens „Schwarze Pumpe" oftmals nach der Arbeit. So wurde die Gaststätte mit ihrer Wasserhandpumpe davor später zur quasi Namensgeberin.

Am Modell des VEAG-Braunkohlekraftwerkes selbst erkennen wir leicht den Prozess der Braunkohleverstromung. Dann wird das Besucherzentrum zum außerschulischen Lernort, an dem Theorie und Praxis nah beieinander liegen. Eine Führung durch das Kraftwerk ist allerdings die Krönung. Bevor wir die Braunkohle-Doppelblockanlage von innen besichtigen, werden wir in das Besucher-Konferenzzimmer geleitet. Wieder haben die Kinder Gelegenheit, der Sache mit der Stromgewinnung auf den Grund zu gehen. Fragen, über die sich so mancher Physiklehrer freuen würde, werden an die sachkundigen Mitarbeiter der „VEAG" gestellt. Wie viel Strom kann hier gewonnen werden? Wie lange reicht die Braunkohle in der Lausitz für die Stromgewinnung? Wie wichtig ist dieses Braunkohlekraftwerk im bundesdeutschen Gesamtnetz?

Schließlich bekommen die Besucher Kopfhörer und Helm und werden zum Herzen der Braunkohle-Doppelblockanlage geführt. Ein dumpfes Grummeln im Hintergrund lässt uns fast nur die Worte aus dem Kopfhörer verstehen. Die Halle ist riesig und die Besucher sind beeindruckt von den Dimensionen.

Staunend stehen die Kinder an den riesigen Öfen und starren an den kindshohen Luken. Dann wird es Zeit, dass sich die ehrfürchtig dreinblickenden Erwachsenen von dem feurigen Anblick lösen.

Die Aussichtsplattform des Tagebaus Welzow-Süd

Schließlich fahren wir jetzt mit dem Fahrstuhl zur Aussichtsplattform. Bei schönem Wetter kann man bis ins Riesengebirge zur Schneekoppe schauen. Weißwasser in Sachsen und Cottbus sind fast bei jeder Wetterlage zu erkennen. Dann entdecken die Kinder einen ungewöhnlichen Anblick. Aus der Höhe von 161 Metern wirkt alles wie eine verzauberte Spielzeugwelt. Wenn Dunst- und Nebelfelder die Aussicht versperren, dann zeigen die VEAG-Mitarbeiter ein schönes Video mit dem Rundumblick als quasi Entschädigung. Nach dem Besuch im Braunkohlekraftwerk fahren wir mit dem Bus ab Braunkohlekraftwerk zurück nach Spremberg.

Wer mit dem PKW angereist ist, kann im Anschluss noch einen kleinen Ausflug zu einem der zahlreichen Aussichtspunkte mit Blick auf den Braunkohletagebau einplanen. Der Blick in die 60 bis 100 Meter Tiefe lässt die immensen Dimensionen deutlich werden, mit denen es die Lausitzer Kumpel zu tun haben. Riesige Maschinen und Förderbänder wühlen den „Schatz der Lausitz", die Braunkohle, aus dem Erdreich. Das Schauspiel lässt sich gut aus sicherer Entfernung von den Aussichtspunkten bewundern, die von der Lausitzer Braunkohle Aktiengesellschaft Laubag eigens für diesen Zweck eingerichtet wurden. In der späten Nachmittagssonne leuchtet das Kraftwerk wie ein Juwel am Horizont. Da der Tagebau weiter wandert, empfiehlt es sich, vorab bei der „Laubag" Informationen über die aktuellen Aussichtspunkte einzuholen.

Wie kommt man nach Spremberg?

Bahn: Berlin – Cottbus – Spremberg, Spremberg Bus 178 zum Busbahnhof, Bus 100 und 186 nach Schwarze Pumpe, Neues Kraftwerk (Rufbus)

PKW: BAB 13 über Abfahrt Senftenberg, B 156 nach Spremberg oder B 15, B 97 nach Spremberg

Auskünfte: Tourist-Information
Am Markt 2
03130 Spremberg
Telefon 0 35 63/45 30
Telefax 0 35 63/45 30

Internet: www.spremberg.de

Schwarze Pumpe

Auskünfte: VEAG Kraftwerk Schwarze Pumpe GmbH
An der alten Ziegelei
03139 Spremberg/Schwarze Pumpe
Telefon 0 35 64/35 33 11
Telefax 0 35 64/35 30 07

Internet: www.veag.de

Infozentrum: ganzjährig geöffnet
montags bis freitags 8.00 – 18.00 Uhr
samstags 10.00 – 16.00 Uhr

Eintritt: kostenlos

Ausssichtspunkte

Auskünfte: Lausitzer Braunkohle Aktiengesellschaft
Laubag
Presse- und Öffentlichkeitsarbeit
Knappenstraße 1
01968 Senftenberg
Telefon 0 35 73/78 30 50
Telefax 0 35 73/78 30 66

Internet: www.laubag.de

Öffnungszeiten: ganzjährig

Eintritt:	kostenlos
Einkehr:	Nähe Aussichtsplattform Welzow-Süd: „Zur alten Schmiede" Siedlerstraße 24 03316 Rehnsdorf Telefon und Telefax 03 56 02/7 20

Niederlausitzer Heidemuseum Spremberg

Ständige Ausstellung:	Völkerkunde, Blaudruck, Erwin Strittmatter
Auskünfte:	Niederlausitzer Heidemuseum Spremberg Schloßbezirk 3 03130 Spremberg Telefon 0 35 63/60 23 50
Öffnungszeiten:	dienstags bis freitags 9.00 – 17.00 Uhr samstags, sonn- und feiertags 14.00 – 17. 00 Uhr montags Ruhetag
Eintritt:	Erwachsene DM 3,00 Ermäßigte und Kinder DM 1,50

Tipp:
Dieser Ausflug lohnt sich besonders mit Kindern ab 14 Jahren. Sie haben Grundkenntnisse in Physik, Chemie und technischen Vorgängen. Sprechen Sie unbedingt frühzeitig direkt mit den freundlichen Mitarbeitern der Abteilung Öffentlichkeitsarbeit im Kraftwerk Schwarze Pumpe ihren Wunschtermin für einen Gruppenbesuch (möglich ab 15 Personen) ab. Termine sind sehr begehrt und die Wartelisten lang (Telefon 0 35 64/35 33 15). Wer mit dem Auto unterwegs ist, schließt noch einen Ausflug z.B. zu einem der Aussichtspunkte an. Bitte unbedingt vorher bei der „Laubag" erfragen, welche Aussichtspunkte eröffnet werden.

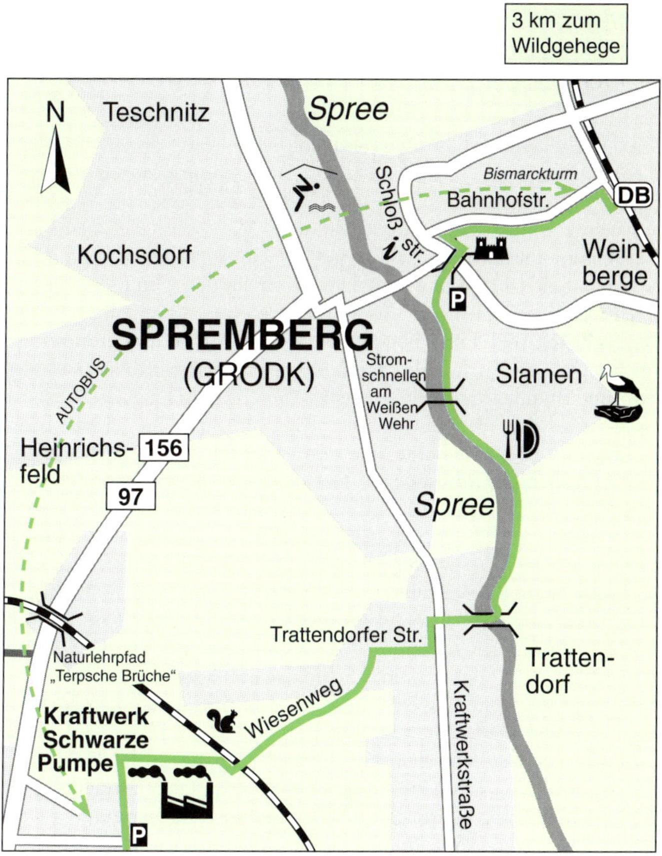
3 km zum
Wildgehege
N
Teschnitz
Spree
Schloß str.
Bismarckturm
Bahnhofstr.
DB
Kochsdorf
Wein-
berge
P
SPREMBERG
(GRODK)
Strom-
schnellen
am
Weißen
Wehr
Slamen
AUTOBUS
Heinrichs-
feld
156
97
Spree
Trattendorfer Str.
Tratten-
dorf
Naturlehrpfad
„Terpsche Brüche“
Wiesenweg
Kraftwerkstraße
Kraftwerk
Schwarze
Pumpe
P

33 Gedenkstätten trauriger Geschichten

Sachsenhausen, Brandenburg/Havel, Ravensbrück, das Museum des Todesmarsches und die stillen Orte der Erinnerung

Die Entscheidung, wann und ob Sie mit ihren Kindern Gedenkstätten wie Sachsenhausen, Brandenburg/Havel, Ravensbrück, das Museum des Todesmarsches in der Nähe von Wittstock aufsuchen, will in Ruhe überdacht sein. Man sollte sich genügend Zeit nehmen und den Gedenkstättenbesuch sorgfältig vor- und nachbereiten. Seit 1993 sind die Gedenkstätten an den Orten der ehemaligen Konzentrationslager Sachsenhausen (bei Oranienburg) und Ravensbrück (bei Fürstenberg/Havel) sowie die Hinrichtungsstätte im Ehemaligen Zuchthaus Brandenburg/Havel unter dem Dach der Stiftung Brandenburgische Gedenkstätten zusammengefasst. Sie ist eine von der Bundesrepublik Deutschland und dem Land Brandenburg je zur Hälfte finanzierte Stiftung öffentlichen Rechts. Die Aufgaben der Stiftung sind klar definiert: Sie soll kontinuierlich daran arbeiten, dass die Öffentlichkeit sich mit den Themen Terror, Krieg und Gewaltherrschaft auseinandersetzt. Opfern und Hinterbliebenen soll ein würdiges Gedenken an die Verbrechen der Vergangenheit ermöglicht sein. Und die Stiftung will in Brandenburg unter anderem die Struktur und Entwicklung der Konzentrationslager und ihrer Außenlager in Brandenburg erforschen, dokumentieren und publizieren. Schulklassen, Gruppen, Verbände, Bildungsträger, Familien und Einzelreisende nutzen das Angebot und besuchen die Gedenkstätten, um vor Ort Kenntnisse über einen dunklen Teil der deutschen Geschichte zu erlangen; der Eintritt ist überall kostenlos. Die Mitarbeiter vor Ort stehen den Besuchern gerne für individuelle Gespräche zur Verfügung. Besuchergruppen werden um vorherige Anmeldung gebeten. Für Einzelbesucher steht eine Audioführung in Deutsch und Englisch zur Verfügung.

Dem Informationsblatt „Gedenkstätte und Museum Sachsenhausen im Überblick" entnehmen wir: „Die von SS-Architekten am Reißbrett als idealtypisches KZ konzipierte Anlage sollte dem Weltbild der SS architektonischen Ausdruck geben und die Häftlinge auch symbolisch der absoluten Macht der SS unterwerfen. Als Modell- und Schulungslager der SS und Konzentrationslager in unmittelbarer Nähe der Reichshauptstadt nahm Sachsenhausen eine Sonderstellung im System der nationalsozialistischen Konzentrationslager ein." Ausstellungen und Dauerausstellungen vor Ort helfen zu erinnern. Die Gedenkstätte in Sachsenhausen hat im Belower Wald die Außenstelle **Museum des Todesmarsches**, das dem Thema der mörderischen Evakuierungsmärsche der KZ-Häftlinge Ende April/Anfang Mai 1945 gewidmet ist. Ab 1950 wurden an einigen Orten des Todesmarsches Findlinge aufgestellt. An den vier Hauptstrecken zwischen Oranienburg, Raben-Steinfeld wurden diese durch 200 einheitliche Tafeln 1976 ergänzt. Bereits 1973 war dort zur Erinnerung an die Opfer des Todesmarsches die *Skulptur der trauernden Mutter* aufgestellt worden. 1975 wurde der einfache Gedenkstein im Belower Wald durch eine Stelle mit rotem Winkel (damit erinnerte die DDR nur an die politischen Häftlinge, die mit einem solchen Winkel gekennzeichnet waren) ersetzt und ein Ehrenhain angelegt. Die DDR eröffnete am 21. April 1981 ein „Museum des Todesmarsches", in dessen Ausstellung viele der von Häftlingen zurückgelassenen Gegenstände zu sehen waren. Gedenkveranstaltungen mit ehemaligen Häftlingen und seit Mitte der siebziger Jahre mit Gedenkläufen auf der Todesmarschstrecke erinnern an das historische Geschehen.

Ab 1939 wurde das **Konzentrationslager Ravensbrück** speziell für weibliche Häftlinge errichtet. 1942 entstand in unmittelbarer Nähe das „Jugendschutzlager Uckermark", in dem die Nationalsozialisten rund 1 000 weibliche Jugendliche inhaftierten. Insgesamt waren im KZ Ravensbrück zwischen 1939 und 1945 etwa 150 000 Menschen aus allen von den deutschen Armeen besetzten Ländern Europas inhaftiert, Zehntausende von ihnen kamen ums Leben.

Die **Dokumentationsstelle Brandenburg** ist die kleinste der brandenburgischen Gedenkstätten, die unter dem Dach der Stiftung zusammengefasst wurden. Sie beschäftigt sich mit Justiz und Strafvollzug im Nationalsozialismus und befindet sich im inneren Sicherungsbereich der heutigen Justizvollzugsanstalt. Deshalb sind Führungen in die Gedenkräume der ehemaligen Hinrichtungsstätte nur donnerstags nach telefonischer Vereinbarung möglich. Darüber hinaus ist es möglich, Termine für Führungen in der **„Euthanasie"- Gedenkstätte** im Stadtzentrum von Brandenburg zu vereinbaren. 1992 wurde durch die Landesregierung Brandenburg die „Nationale Mahn- und Gedenkstätte Brandenburg" aufgelöst. Das Archiv, die Sammlungsbestände und die bereits vorhandenen Dokumentationen bilden den Grundstock für die Dokumentationsstelle Brandenburg.

Stiftung Brandenburgischer Gedenkstätten

Auskünfte:	Stiftung Brandenburgischer Gedenkstätten Heinrich-Grüber-Platz 16515 Oranienburg Telefon 0 33 01/81 09 12 Telefax 0 33 01/81 09 28
e-mail:	GuMS@brandenburg.de

Wie kommt man zur Dokumentationsstelle Brandenburg?
Bahn: Ab Berlin RE 1, ab Brandenburg-Hauptbahnhof Straßenbahnlinie 1 bis Haltestelle Anton-Saefkow-Allee

PKW: BAB 2, Berlin Richtung Magdeburg/Hannover, Abfahrt Brandenburg, Bundesstraße Richtung Gentin

Auskünfte: Dokumentationsstelle Brandenburg
Anton-Saefkow-Allee 22
Telefon und Telefax 0 33 81/71 89 80

Öffnungszeiten: donnerstags 8.00 – 9.30 Uhr
oder 9.30 – 11.00 Uhr
Führungen nur nach telefonischer Vereinbarung

Wie kommt man zur Gedenkstätte Ravensbrück?
Bahn: Berlin – Fürstenberg/Havel – Stralsund. Vom Bahnhof Fürstenberg ca. 3 km zu Fuß

PKW: B 96 Berlin – Stralsund, ab Fürstenberg ausgeschildert

Mahn- und Gedenkstätte Ravensbrück

Auskünfte: Straße der Nationen
16798 Fürstenberg/Havel
Telefon 03 30 93/6 08-0

Internet: www.ravensbrueck.de

e-mail: mgr@brandenburg.de

Öffnungszeiten: dienstags bis sonntags 9.00 – 17.00 Uhr
1. April bis 30. September 9.00 – 20.00 Uhr

Wie kommt man zur Gedenkstätte und Museum Sachsenhausen?
Bahn: S-Bahn 1 Berlin/Friedrichstraße – Oranienburg, Bus 804 Richtung Malz, zu Fuß etwa eine halbe Stunde

PKW: BAB 111 Berlin – Hamburg, Oranienburger Kreuz auf A 10 Richtung Prenzlau, Abfahrt Birkenwerder, auf die B 96 nach Oranienburg, der Beschilderung folgen

Gedenkstätte und Museum Sachsenhausen

Auskünfte:	Straße der Nationen 22
	16515 Oranienburg
	Telefon 0 33 01/2 00-3 33
	oder 0 33 01/2 00-2 00 (Besuchertelefon)
Internet:	www.Sachsenhausen.Brandenburg.de
e-mail:	GuMS@Brandenburg.de
Öffnungszeiten:	1. April bis 30. September
	täglich 8.30 – 18.00 Uhr
	1. Oktober bis 31. März
	täglich 8.30 – 16.30 Uhr
	montags geschlossen

Wie kommt man zum Museum des Todesmarsches?

Bahn: nicht empfohlen

PKW: BAB 24 Hamburg – Berlin, Abfahrt „Pritzwalk", und über die BAB 19 (Rostock – Berlin), Abfahrt „Wittstock". Straße Wittstock – Röbel, dann der Beschilderung folgen. Unmittelbar hinter der Abfahrt Wittstock an der BAB 19 kann das Museum zu Fuß in einer viertel Stunde erreicht werden.

Auskünfte:	Museum des Todesmarsches
	Belower Damm 1
	16909 Wittstock
	Telefon und Telefax 03 99 25/24 78
Internet:	www.Sachsenhausen.Brandenburg.de
e-mail:	GuMS@Brandenburg.de
Öffnungszeiten:	1. März bis 30. November
	täglich 9.00 – 16.00 Uhr
	15. Juni bis 14. September
	dienstags bis sonntags 9.00 – 17.00 Uhr
	1. Dezember bis 28. Februar
	montags bis freitags 9.00 – 16.00 Uhr

Schlagwortregister mit Kapitalangaben

Agrarhistorisches Museum Schlepzig	28
Artistenmuseum Klosterfelde	13
Bad Freienwalde	11
Bad Saarow	23
Bad Saarow-Pieskow	23
Bauernmuseum Blankensee	21
Bernau	13
Besucherzentrum Naturpark Märkische Schweiz	19
Binnenschifffahrts-Museum Oderberg	11
Biosphärenreservat Flusslandschaft Elbe-Brandenburg	1
Biosphärenreservat Schorfheide Chorin	9
Biosphärenreservat Spreewald	28
Blankenfelder Schloss	21
Blankensee	21
Brandenburg an der Havel	15
Brandenburgisches Museum für Klein- und Privatbahnen Gramzow	7
Brecht-Waigel-Haus	19
Buckow	19
Buckower Kleinbahn Museum	19
Burgwall	6
Chinesisches Haus	16
Dagower See	3
Dokumentationsstelle Brandenburg	33
Dracula-Museum	22
Eberswalde	10
Euthanasie-Gedenkstätte Brandenburg	33
Fehrbellin	12
Fehrbelliner Flugplatz	12
Ferienparkanlage Großkoschen	31
Filmmuseum Potsdam	16
Filmstadt Potsdam-Babelsberg	17
Flughafen-Museum	18
Fontane-Haus	3
Forstbotanischer Garten	10
Fürstenberg/Havel	4
Galerie Bernau	13
Garnisonsmuseum Wünsdorf	24
Gedenkstätte Ravensbrück	33
Gedenkstätte und Museum Sachsenhausen	33
Glashütte	26
Gnevsdorf	1
Gramzow	7
Großer Krukowsee	3
Großer Wünsdorfer See	24
Haus Pehlitzwerder	9
Heimatmuseum Strausberg	18
Herzberg	30
Herzberger Tiergehege	30
Himmelpfort	5
Ilsenquelle	5
Johannismühle	25
Jugendstilgarten	30
Kinderbauernhof „Roter Hof"	18
Kinderbauernhof Marienhof	14
Kloster Chorin	9
Königs Wusterhausen	22
Konzentrationslager Ravensbrück	33
Kraftwerk Schwarze Pumpe	32
Kreismuseum Senftenberg	31
„Kristall" – Kur- und Freizeitbad Lübbenau	29
Külzpark	13
Liepnitzsee	13
Lübbenau	29
Lychen	4, 5
Lychensee	4
Menz	2
Menzer Naturlehrpfad	2
Motorradmuseum Wünsdorf-Waldstadt	24
Museum des Todesmarsches	33
Museum Henkerhaus Bernau	13
Museum im Steintorturm	15
Museumsdorf Glashütte	26
Museumspark Baustoffindustrie	18
Museumspark Mildenberg	6
Naturpark Niederlausitzer Heidelandschaft	30
Naturpark Uckermärkische Seen	5

NaturParkHaus Stechlin	2
Naturwachtstation NABU-Besucherzentrum	1
Nehmitz-See	3
Neuglobsow	3
Niederfinow	11
Niederlausitzer Heidemuseum Spremberger Schloss	32
Oberpfuhlsee	5
Oderberg	11
Ökodorf Brodowin	9
Ökostation Prenzlau	8
Planetarium Sternwarte Herzberg	30
Platkowsee	4
Potsdam	16
Potsdam-Babelsberg	17
Prenzlau	8
Rauener Berge	23
Ravensbrück	4
Rheinsberg	2, 3
Ribbeck	14
Roofensee	2
Rühstädt	1
Rundfunkmuseum	22
Schenkendorf	22
Schermützelsee	19
Schiffshebewerk Niederfinow	11
Schlepzig	28
Schlitten- und Kutschenmuseum	22
Schloss Charlottenburg	16
Schloss Sanssouci	16
Schloss Schenkendorf	22
Schlossmuseum Schloss Rheinsberg	2
Sender- und Funktechnikmuseum Königs Wusterhausen	22
Senftenberg	31
Senftenberger Stausee	31
Spielzeugmuseum im Frey-Haus	15
Spreewald-Museum Lübbenau/Lehde	29
Spreewaldring Kart Center	27
Spremberg	32
Stechlin-See	3
Sternwarte Bernau	13
Strandbad Buckow	19
Strausberg	18
Straussee	18
Templin	4
Teufelssee	23
Tierpark Eberswalde	10
Tierpark Grochwitz	30
Tierpark Senftenberg	31
Vierseitenhof/Museumshof Großkoschen	31
Waldow	27
Wild- und Fasanenpark Bad Saarow-Pieskow	23
Wildgehege Glauer Tal	21
Wildpark Johannismühle	25
Wünsdorf	24
Wünsdorf-Waldstadt	24
Wuppgarten	4
Wurlsee	5
Zehdenick	6
Zenssee	4
Ziesar	20
Zooschule Märchenvilla	10

163

Mit Kindern unterwegs

144 Seiten, 31 Schwarzweißfotos

Kinder und Großstadt, passt das überhaupt zusammen? Diese Frage muß unbedingt mit „Ja" beantwortet werden, denn vom Brandenburger Tor bis zum Alexanderplatz und vom Zoologischen Garten bis zur Siegessäule gibt es für Kinder allerhand tolle Sachen zu erleben. Die Autorin **Kristine Jaath** hat auch Ausflüge ins Grüne zum Wannsee oder in den Spandauer Forst eingeplant. Wer nicht mehr laufen will, der nimmt den Bus oder fährt mit dem Schiff auf der Spree. Ein ausführlicher Info-Teil am Ende jedes Kapitels gibt Auskunft über Öffnungszeiten, Anfahrtswege, Eintrittspreise u. v. m.

ISBN: 3-87230-558-1

84 Seiten, 35 Schwarzweißfotos, 21 Kartenskizzen

Den Spreewald – das „Venedig" von Brandenburg und eine der eigenwilligsten Naturlandschaften Europas – prägen urwüchsige Wälder, unzählige Fließe, blühende Wiesen und idyllische Seen. Über Jahrhunderte entstand diese außergewöhnliche Flußlandschaft, die einer reichen Tier- und Pflanzenwelt Heimstatt bietet. Unser Autor **Heinz Pflanz** versteht es, Kindern die Geschichte und die einmalige Natur dieser Landschaft nahezubringen. Die Touren bieten viel Abwechslung, enthalten Hinweise zu Naturbeobachtungen und einfachen Untersuchungen und natürlich, wie gewohnt, ausführliche Routenbeschreibungen im Infoteil des jeweiligen Kapitels.

ISBN: 3-87230-535-2

Mit Kindern unterwegs

Mit Kindern im Elbsandsteingebirge
Renate Florl
24 Erlebnistouren in der Sächsischen Schweiz

156 Seiten, 35 Schwarzweißfotos, 21 Kartenskizzen

Die Sächsische Schweiz mit Kindern erleben! Unsere Autorin **Renate Florl** hat mit ihrer Familie selbst erfahren, welche unglaublichen Erlebnisse in diesem Wandergebiet möglich sind. Die Kinder konnten nicht schnell genug aus dem Haus kommen, um neue Ziele anzusteuern, neue Aussichten zu genießen und einen für sie völlig neuen Teil Deutschlands kennenzulernen. Die begeisternde Art, diese Ausflüge zu schildern, macht allein schon die Lektüre dieses Familien-Wanderführers zum Erlebnis. Alle notwendigen Informationen sind, wie gewohnt, am Ende eines jeden Kapitels zusammengefasst.

ISBN: 3-87230-541-7

Mit Kindern unterwegs
Wolfgang Knape
Im Harz

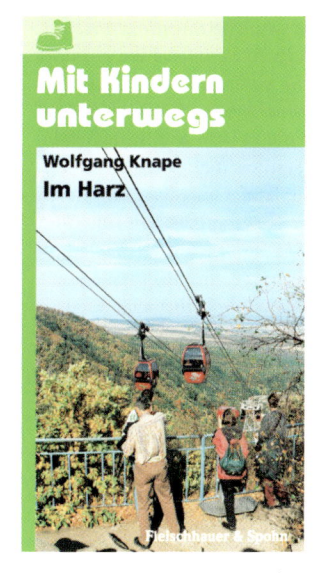

120 Seiten, 27 Schwarzweißfotos

Im Harz unterwegs zu sein macht Spaß... so unser Autor **Wolfgang Knape**. Wenn man seinen Tourenvorschlägen folgt, muss man ihm einfach zustimmen. In jeder Himmelsrichtung durchstreifte er das nördlichste deutsche Mittelgebirge. Dabei geht es durch wildromantische Felsentäler, vorbei an Burgen, Schlössern, tiefen Gruben und geheimnisvollen Höhlen, bis zu historischen Städten wie Goslar, den berühmten Harzer Schmalspurbahnen oder dem Harzfalkenhof bei Bad Sachsa. Wüssten Sie nicht auch gerne, wo die Hexen tanzen oder wo man sogar im Sommer Schneemänner bauen kann?

ISBN: 3-87230-537-9

165

Mit Kindern unterwegs

Mit Kindern unterwegs
Gerrit-Richard Ranft
Am Bodensee

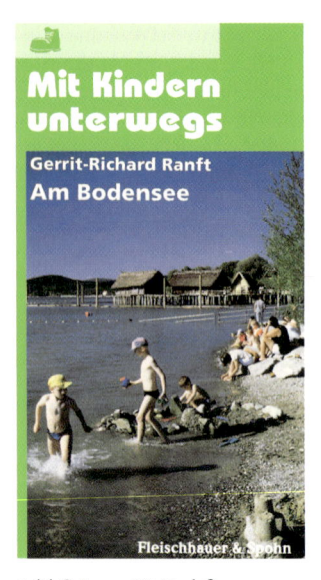

144 Seiten, 50 Farbfotos

Der Autor **Gerrit-Richard Ranft** fasst in diesem Erlebniswanderführer die schönsten Ausflüge und Ziele am Bodensee in 38 Kapiteln zusammen: z. B. eine Wanderung durch die Mariaschlucht, die Büffelherde am Bodenwald oder das Ravensburger Spieleland.
A propos: Käpt'n Blaubär hat für dieses Buch eine exklusive Geschichte erlogen – Entschuldigung: erfunden! Die Ausflüge und Wanderungen sind so gewählt, dass Kinder und Erwachsene Spaß daran haben. Ein Info-Teil am Ende jedes Kapitels mit Hinweisen auf Spiel- und Grillplätze, Strandbäder, Museen und Tourist-Informationen erleichtert die Planung und Vorbereitung.

ISBN: 3-87230-564-6

Mit Kindern unterwegs
Elke Homburg
In Oberbayern

132 Seiten, 29 Schwarzweißfotos, 10 Kartenskizzen

Die schönsten Ausflüge und Ziele in Oberbayern hat **Elke Homburg** in 31 kindgerechten Touren zusammengefasst: Fünf-Seen-Land, Werdenfelser Land, Isarwinkel, Tegernseer Tal, Miesbacher Oberland, Chiemgau und Berchtesgadener Land laden Jung und Alt zu außergewöhnlichen Entdeckungen ein: Auf dem Moor-Rundweg im Murnauer Moos zum Beispiel, kann man sich bei Gruselgeschichten eine angenehme Gänsehaut holen, oder man kann auf der Sommerrodelbahn bei Schliersee einfach eine Menge Spaß haben.
Wir danken Irene Epple-Waigel für ihre freundlichen Zeilen im Vorwort.

ISBN: 3-87230-560-3

166

Mit Kindern radeln

Mit Kindern radeln
Claudia Thaler
Rund um Düsseldorf

160 Seiten,
20 Farbfotos,
20 Karten

Kinder möchten Abenteuer erleben. Sie möchten spannende Dinge entdecken, die ihre Phantasie anregen und ihren Entdeckergeist beflügeln. Die vorliegenden Radtouren rund um Düsseldorf sind nicht nur in Länge und Schwierigkeitsgrad an die Bedürfnisse von Kindern angepasst, sondern **Claudia Thaler** hat in der Auswahl ihrer Ziele auch Spaß und Abwechslung ganz groß geschrieben. Es gibt Hinweise auf Spielplätze, Badeseen und Bootsverleih, Ausflüge zum Flughafen, zur Trabrennbahn und zum Kinderbauernhof. Ausführliche Tipps und Informationen zur Organisation der einzelnen Touren stehen am Ende jedes Kapitels.

ISBN: 3-87230-562-X

Mit Kindern radeln
Hans Joachim Rech
Am Niederrhein

160 Seiten,
20 Farbfotos,
17 Karten

Das Gebiet am Niederrhein ist geprägt durch zahlreiche Flüsse und Bäche, an denen entlang es sich wunderbar radeln lässt. Der Naturpark Maas-Schwalm-Nette hält ein phantastisches Angebot an seltenen Pflanzen und Tieren bereit und beherbergt u. a. die größte Graureiherkolonie Nordrheinwestfalens. Reizvolle Städtchen und Ortschaften laden zu Besichtigungen und zur Einkehr ein. Steinzeitliche Hügelgräber, Burgen und prachtvolle Mühlen begeistern die ganze Familie. **Hans Joachim Rech** hat in seinem neuesten Radwanderführer wieder viele interessante und vor allem kindgerechte Radwanderungen zusammengestellt, vermittelt aber auch Wissenswertes zu Flora sowie zur Geschichte der Region. Das Vorwort zu diesem Band hat freundlicherweise Wolfgang Clement, Ministerpräsident von Nordrhein-Westfalen, verfasst.

ISBN: 3-87230-561-1

Mit Kindern entdecken

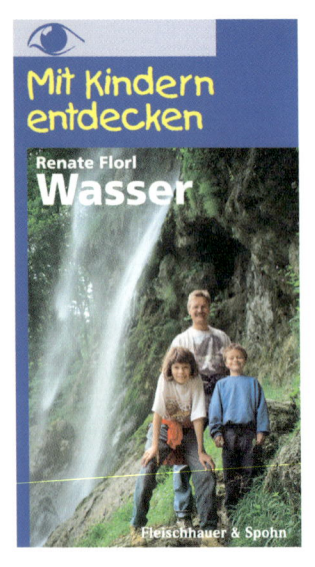

In diesem Buch richten wir unser Augenmerk auf ein Element, das Kinder schon immer fasziniert hat: das Wasser. **Renate Florl** stellt es uns in seinen zahlreichen Erscheinungsformen vor. Wasser ist Lebensraum und Lebensmittel. Es dient gleichermaßen als Transportmittel und zur Erzeugung von Wasserkraft mit Hilfe von Stauseen und Mühlen. Es gibt Wasser unter der Erde in Höhlen, große Flüsse und Wasserfälle. Und Wasser lädt ein – zum Spielen, Experimentieren, Schwimmen und Plantschen.

ISBN: 3-87230-546-8

144 Seiten, 29 Schwarzweißfotos, 6 Kartenskizzen

Mit dem Rad die Eifel entdecken – das ist ein Riesenspaß für Jung und Alt. Unterwegs in dieser phantastischen Mittelgebirgslandschaft begleitet uns „Herr von Weißnicht", unser Plüsch-Freund, der (fast) alles weiß und immer den richtigen Weg kennt, z.B. zu den Vulkanseen bei Daun oder zum schönsten deutschen Wasserkraftwerk in Heimbach-Hasenfeld am Rurstausee, der so groß ist, dass Schiffe darauf herumfahren können. Die Touren sind so ausgewählt, dass sie von Kindern problemlos bewältigt werden können. Der Sachbuchteil enthält viele anschauliche und kindgerechte Erklärungen zu naturkundlichen Phänomenen der Eifel.

180 Seiten, 25 Schwarzweißfotos

ISBN: 3-87230-545-X